산벚꽃
피었는데

작가의 말

　수능을 앞둔 작은 아들이 폐렴으로 입원하자 고등학교만이라도 무사히 졸업했으면 했다. 주치의를 졸라 하루 전에 퇴원한 아이는 시험장으로 갔는데 불안한 나는 어디로 가야하나…. 문구거리를 나와 건너편 백화점을 바라보다 하릴없이 문화센터 글쓰기 반에 등록했다. 세 달만 다니자…. 세 달 후면 불안감도 가시고 모든 게 지나가려니 했다. 그런데 글쓰기만 이십 여 년, 평생 써도 하산은 영 못할 성 싶다.
　등단하자마자 죽을 만큼 아파 글을 쓸 수 없었다. 이제 겨우 글을 쓰고 있지만, 아직도 유년기 상처를 건드리지 않으려 애쓰는 자신을 발견한다. 이 세상에 상처

없는 사람이 어디 있으랴, 상처를 딛고 일어서는 사람만이 앞으로 나아갈 수 있는 것이다. 대단한 아픔이라 생각했던 것도 삶의 무늬에 불과하다는 것을 지나보니 알겠다. 그래도 나는 나의 슬픔이 아프다.

첫 시간, 예리하고 정확한 임헌영 교수님의 합평에 놀랐다. 글을 쓰러 온 사람도 아닌 나는 어느새 내 얘기 순서를 생각하고 있었다. 아마 그 얘기는 다섯 살 때부터 나의 뇌리에 박혀 있었을 것이다. 다섯 살 봄, 어머니 돌아가신 후 본가로 온 나는 말을 하지 않았다. 어머니도 안 계신 세상에 무슨 말이 더 필요하랴. 그 대신 내 안에, 보고 들은 것을 잘 적어 두는 공책 하나를 품었다.

가장 기뻤던 것은 「아버지의 자전거」가 제1회 한국산문 문학상을 탄 것이었다. 기쁘다 못해 나는 정말 신이 났다. 남편과 두 아들이 꽃을 들고 식장을 찾았다. 병원에 있던 아버지도 외출 허가를 받아 참석했다.

  살아있는 날들이 얼마나 짧고 소중한지를 생각하노라면 오늘 하루를 잘 살아야 한다는 다짐을 하게 된다. 사랑은 모든 것을 빛나는 것, 아름다운 것, 의미 있는 것으로 만들어 준다. 일상이 기적으로 느껴지고 모든 사람의 소중함에 눈을 뜨게 된다. 그것은 사랑이 주는 힘이며 지혜일 것이다.

  지나온 시간이 모두 모여 내 가슴 속 깊은 강으로 흐른다는 걸 글을 쓰면서야 알게 되었다. 강기슭에 쌓여 있는 곱디고운 흙처럼 아주 작은 것들로 이루어져 있는 삶. 한 순간도 소홀히 하지 않고 모두 안고 가는 삶. 아주 작은 소망조차 버려지는 일이 없도록 모든 이의 기도가 시내가 되고 강물이 되어 마침내 금빛 바다에 이르기를 바란다.

살면서 힘을 내야 할 때는 행진곡을 들었다. 아버지 병간호를 하면서는 프랑스 국가 「라 마르세예즈」만 들었다. 전쟁처럼, 혁명처럼…. 사는 게 그렇게 팍팍할 수가 없었다. 처음으로 하느님을 향해 불평을 했다. 코가 땅에 닿도록 뛰어 다녔지만 아버지는 돌아가시려 하고 속을 털어놓던 친구는 먼 타국에 있었다. 하느님 한테 어떻게 내게 이럴 수 있느냐고 따졌다. 그 불평이 하느님 맘에 들었던지 하느님은 거짓말처럼 친구를 데려다 주었다. 친구와 나는 지금도 종종 밥을 함께 먹는다. 아주 어릴 때부터 늘 그랬듯.

아버지가 탄 휠체어가 연못에 닿을 수 있도록 말없이 잔디를 깎아 주던 그, 맛있는 집을 찾아 양가 부모님과 돌아다닐 때 그저 웃으며 바라보던 그, 지금까지 하고 싶은 것 마음껏 하게 해준 남편을 생각하면 고맙다. 두 아들과 며느리에 손주들까지, 그로 인해 온 것이 가득하다. 더구나 이렇게 책을 내다니 꿈만 같다.

    내게 수필집을 보내준 많은 분들이 있었다. 책을 읽으면서 마치 눈앞에 있는 듯 그려낸 새로운 묘사에 감동하고 감탄했다. 책을 담았던 봉투도 소중히 다루었는데 이렇게 책 빚을 갚게 되어 다행이다. 무엇보다 임헌영 교수님의 가르침이 빛을 발한 듯하여 기쁘다.

2025년
산벚꽃 필 무렵
조선근

차례

작가의 말 5

1장
아버지의 자전거

산벚꽃 피었는데 14

아버지의 자전거 24

빨간 점퍼 32

만남 39

좁은 문으로 들어가기를 힘쓰라 47

2장
제비꽃

제비꽃 62

금석맹약 68

그분 77

산 뒤 넘어 86

짧은 인생! 95

3장
옛날에 금잔디

큰고모　108

옛날에 금잔디　113

할아버지　120

스카브로우 추억　126

아주 오래된 향나무　132

4장
법정스님

이태리 가구와 종소리　140

법정 스님　145

허 조르디　150

세상의 모든 음악　155

노르망디 바랑주빌 성 발레리성당　160

해설　169

산벚꽃 피었는데
아버지의 자전거
빨간 점퍼
만남
좁은 문으로 들어가기를 힘쓰라

1장

아버지의 자전거

산벚꽃 피었는데

 서울 집에서 아버지가 오셨다. 아마도 막차를 타고 오셨나 보다. 호롱불에 비친 커다란 그림자가 야트막이 엎드려 할머니에게 큰절을 드렸다. 자던 눈을 비비던 나는 횃대에 걸친 옷 그림자마저 크게 한번 일렁거리는 것을 보고는 도로 잠이 들었다. 자다가 꿈을 꾸었다. 슬픈 꿈이었다. 흑흑 느껴 울다가 아버지가 흔드는 바람에 잠이 깨었다. 깨어서도 울었다. 아버지는 꿈일 뿐이라며 나를 토닥거려 다시 재웠다. 가슴에 남아 있는 흐느낌이 이따금 어깨를 흔들었다. 고등학교 2학년 때였다.
 볕바른 툇마루 끝에 앉아 생전 처음 외갓집 얘기를

들었다. 이모부에게서 나의 안부를 묻는 편지가 왔다는 것이다. 나는 그리 놀랍지도 않아서 그저 올 것이 왔다는 느낌뿐이었다. 어렴풋이 꿈결처럼 느끼고는 있었지만 기억나는 것은 하나도 없었다. 불문율처럼 입을 다물고 아무것도 묻지 않았는데 그러길 잘했다는 생각마저 들었다.

개울가로 난 긴 방죽 길이 끝나는 곳에 외롭게 돌아앉은 산. 바깥세상 하고는 인연이 없다는 듯 오롯한 산언저리, 풀숲으로 난 소로를 들어서자 뼛속 깊이 한기가 느껴졌다. 인삼밭을 지나 야트막한 산발치에 밋밋한 봉분 하나가 아름드리 소나무를 안고 누웠다. 어머니라고 하였다. 검은 장막이 찢기며 깊은 슬픔이 드러났다. 도랑가에 앉아 오래도록 눈물을 씻었다. 시린 물에 손을 담그고 어머니 뼛속 깊이 스며들었을 치유할 수 없는 한과 한기를 생각하였다. 쓰디 쓴 자조에 파 먹힌 가슴이 당장이라도 뚫어져 버릴 것만 같았다.

그 후 나는 웃지 않았다. 어머니를 가슴에 묻고 시묘侍墓 살이 하듯 십대 후반을 건너 스무 살이 되었다. 내게 있어 꽃다운 청춘이란 없었다. 살아야 할 이유를 찾아 오랜 시간 방황하였고 방황 끝에 얻은 결론은 수도자, 아니 은둔자가 되는 것이었다. 내게 교리를 가르쳐 주신 김 신부님께 무슨 큰 비밀이라도 되는 양 말씀드렸는데 어찌나 꾸중을 하시던지…. 그분은 내게 운명론자라고 하였다. 수도원은 피난처가 아니라고 하였다.

하느님은 나에게 많은 것을 주셨다. 아니 어머니를 뺀 나머지 모든 것을 허락 하셨는지도 모른다. 그러나 내가 원했던 것은 모든 것을 주고서라도 오직 하나 어머니를 얻는 것이었다. 하느님은 알고 계셨을까? 모든 것을 팔아서라도 어머니를 사고 싶은 내 심정을….

어머니는 이 세상 모든 것 속에 깃들어 있었다. 사당으로 오르는 길섶에 다소곳이 고개 숙인 제비꽃, 그 꽃씨 주머니에 담긴 잘디 잔 씨알 속에 있었고, 측백나무 울타리 밑으로 몰려나온 솜털 보소소한 노랑 햇병아리 떼와 부지런히 버르적거리며 먹이를 찾아 주는 살진 어미닭 속에도 있었다. 해질 무렵 하늘에 걸린 붉은 노을 자락이나 마을 어귀로 번져 가는 푸르스름한 저녁

연기. 얕게 깔린 모래톱을 그침 없이 다듬질 하는 하얀 파도와 파도소리…. 해 저물어 어두운 다대포 그 바다 가득 어머니는 계셨다. 모든 것이 다 어머니를 생각나게 했고 모든 것이 다 슬펐다. 이 세상에 존재 하는 모든 것은 가엾고도 슬픈 것, 슬퍼서 사랑스러운 것이었다. 오래되어 내 것이 된 슬픔, 슬픔의 심연을 지나 다다른 깊은 연민, 깊고도 슬픈 연민…. 살아있다는 것은 차라리 견디기 어려운 사치였다.

조금씩 나누어 들려 준 이모의 이야기를 종합하여 재구성해 보기를 수없이 반복하면서 어머니 삶을 나름대로 되새김질 해 보았다. 내 존재의 근원인 어머니의 삶과 죽음이 평생을 두고 풀어야 할 가장 큰 숙제가 된 셈이었다. 어머니 나이 스물아홉에 스무 해를 더한 세월이 가슴속에 패인 깊은 강을 흘렀다. 어머니의 삶을 반추하며 내게 주어진 삶의 의미를 깨닫고자 애를 써왔고 아직도 그 일은 진행 중이다. 그리고 마침내 한 울림에 닿았다. "서로 사랑하라." 움직일 수 없는 절체절명의 명제 앞에 무릎을 꿇었던 것은 이미 오래 전이었다. 그러나 사랑은 뼈를 깎는 실천이며 평생을 바쳐야 할 만큼 오랜 시간과 한결같은 정성을 필요로 한다는 것을 아는데 만도 적지 않은 세월이 흘렀다. 아무리 피를 나눈 가족 간이라도 아니 가까우면 가까울수록 한 조각 그냥 거저 주어지는 법이 없었다.

양가 어르신들께서 약조 하신 바에 따라 아버지는 다니던 대학을 포기하고 어머니와 결혼하였다. 종갓집 종손에게 시집 온 어머니는 고등학교를 마친 조신한 처자였다. 아버지에게는 세 살짜리부터 서너 살 터울로 동생만 넷이었는데 늘그막에 막내를 낳은 할머니는 그만 중풍으로 누워 버렸다. 오남매 중 넷째로 부모님 슬하에서 참하게 수만 놓던 어머니는 기제사만 스무 번이 넘는 종갓집 종부가 되어 허리 펼 날이 없었다. 삼백 년 넘는 집성촌에 제삿날이 가까워지면 집안 아낙네가 모여 제기그릇부터 닦았다. 찹쌀 반죽을 얇게 밀어 튀겨내는 산자나 약과, 오색다식, 떡이며 적, 각종 전에 이르기까지 제수는 모두 종부의 손을 거쳐 제사상에 올랐다. 제관만 사오십 명에 조무래기 아재 아줌마들까지 온 동네가 모여 법석이었다. 봄가을의 어느 달은 대여섯 번이 될 때도 있었으니, 어머니 고초를 미루어 짐작 할 만하였다.

이듬해 봄 내가 태어났다. 내 이름을 보면 알 수 있듯 아들을 기다리신 것이 틀림없었다. 적게는 4대에서 많게는 7대 독자에 이르기까지 근근이 맥을 잇던 종가는 낙심천만 상심이 컸을 터였다. 그래서 그랬을까? 아버지는 대학공부를 마저 해야겠다며 서울로 가시고 어머니의 생활은 더욱 피폐해져 갔다.

햇빛은 마당 가득 쏟아지고 있었다. 마당가에 핀 기다란 꽃 무더기를 두 손으로 휘어잡고 눈이 부신 나는 얼굴을 약간 찡그리고 서있다. 다섯 살 무렵 엄마가 지어주신 하얀 원피스를 입고 외갓집 마당에서 찍은 사진이다. 아픈 몸을 이끌고 친정에 오신 엄마는 완고한 외할아버지를 피해 이모네서 지내셨다고 한다. 두 분 할아버지께서 자식을 나눌 만큼 막역한 사이였으니 그 틈에서 엄마는 더욱 힘들고 괴로웠을 것이다. 아버지는 아버지대로 할머니 병 수발하랴 어린 동생들 건사

하랴 기제사 챙기랴…. 막막하기 짝이 없었을 터였다.

  눈에 넣어도 아프지 않을 천둥벌거숭이를 안고 힘에 부쳐 죽을 것만 같았던 어머니는 야윌 대로 야위어 정신마저 혼미해지셨다고 한다. 죽도록…. 정말이지 기를 쓰고 살고 싶어 하셨던 어머니는 그만 그 '죽도록'에 발목이 잡혀 종당에는 돌아가시고 말았다. '죽도록'을 이겨 낼 아무런 '생명력'도 남아 있지 않을 만큼 소진하셨던 것이다. 스물아홉 해 만에 이 세상 끈을 놓아 버린 어머니께서 차마 버릴 수 없었던 한 가닥 생명줄이 나였다. 어머니는 어찌해 볼 수 없는 나에게 사랑을 한 톨 심어 주고 가셨다. 죽을 사람조차 살리어 낼 사랑이었다.

  '그날'이 언제였을까? 나는 끝없이 울고 있었다. 재실齋室 툇마루 안방으로 드나드는 미닫이문 문턱 밑에 누워 울고 있었다. 열려 있는 문지방에 몸을 치대며 평생을 울 것처럼 울었다. 샛노란 하늘에서 쏟아지는 노르스름한 햇빛이 눈물에 뒤엉겨 끈적거리는데 도무지 해님은 보이지를 않았다. 꿈결인 듯 측백나무 울타리

사이로 하얀 광목 치마저고리를 입은 아낙네들이 끊임없이 돌아 나가고 있었다. 머리에 인 잿빛 자배기마다 삶은 빨래 같은 것이 가득 담겨 있었는데 어머니는 보이지를 않았다. 그 후로부터 지금까지 세상 어느 곳에서도 어머니를 볼 수는 없었다. 그 대신 세상에 존재하는 모든 것으로부터 어머니를 느끼고 그 느낌을 가슴에 담을 수는 있게 되었다. 시각 장애인이나 청각 장애인처럼 못 견디게 그리운 어머니를 간절히 청하여 아득히 깊은 곳에 지그시 눌러 담는 이치를 스스로 터득하게 된 것이었다. 하기야 어린 아이에게 어머니를 여읜 것 보다 더 큰 장애가 또 무엇이란 말인가….

이제 모든 것은 지나가고 사랑만이 남았다. 아쉽고 안타깝게 여겨졌던 어머니의 짧은 생애가 어떤 의미를 지니는지도 희미하게나마 느낄 수 있게 되었다. 우리가 삶의 무대에서 언제 사라져야 하는지를 아시는 분은 하느님 한 분 뿐이시다. 짧다고 해서 삶이 완성되지 않는 것은 아닌 것이다. 그분이 함부로 퇴장을 명령하지 않으신다는 것을 이제야 이해하게 된 것이었다.

몇 해 전 가슴팍을 짓누르던 회한悔恨의 뿌리를 털고 어머니는 문중 선산으로 돌아 오셨다. 따듯하고 양지 바른 곳이었다. 머리부터 발끝까지 큰 짐을 부려 놓은 사람처럼 나는 갑자기 날아갈 듯 가벼워졌다. 오랜 세월 얼음 박힌 듯 싸늘하던 손끝에도 기적처럼 온기가 돌았다. 삼십 년이 넘도록 비워 두었던 사당 밑 재실을 손질하여 아버지도 낙향을 하셨다.

낳아 주신 어머니, 길러 주신 어머니, 언제나 내 편이 되어 기세 등등 세상 속으로 나서게 해주시는 마음 든든한 시어머니…. 가장 귀한 것 하나를 바쳤을 뿐인데 고사리처럼 오그라진 손으로 마지못해 드렸을 뿐인데 몇 배로 기워 갚아 주시는 그분을 헤아릴 수 없어 하염없이 느꺼울 때가 있다.

그래도 가끔 어머니가 그립다. 아니 사실은 언제나 습관처럼 어머니가 그립다.

이 봄, 샛노란 황사바람 속에서도 꽃은 피어 천지간이 다 나서서 꽃 잔치를 벌였다. 산벚꽃도 피었다. 산벚꽃 피었는데…. 차창 밖으로 스치는 산을 제대로 마주 볼 수가 없었다. 황사가 진하게 쏟아지던 어느 날, '그 날'이 언제였는지 확연히 알게 된 때문이었다. 황사바람 속에 꽃은 피어 천지간이 다 꽃 잔치를 벌일 때 어머니는 두 눈 꼭 감고 떠나가셨다.

　차마 산벚꽃 바라 볼 수 없어…. 꽃잎 같은 내 얼굴 바라 볼 수 없어….

아버지의 자전거

아버지의 자전거를 타고 함께 내 달릴 때, 그 보다 더 신나는 일은 없었다. 바람을 가르며 쏜살같이 달려 나가면 눈을 제대로 뜰 수가 없었다. 마치 가장 행복한 순간을 아끼며 만끽하기라도 하는 것처럼 눈을 가늘게 뜨고, 얼굴 가득히 쏟아지는 뽀얀 햇살에 저절로 환한 미소가 피어오르는 것이었다. 아버지의 허리춤을 암팡지게 부여잡고 단발 머리카락이 귓가에서 사각거리며 휘날리는 소리를 들을 때는, 아주 먼 곳을 향해 하염없이 날아가는 기분이었다.

산 밑에 있는 우리 집에서 빤히 내려다보이는 아랫 말을 향해 내리 꽂힐 듯 달려 내려갈 때 세상은 온통 내 것인 양 한아름에 안겨 왔다. 동구 밖을 지나 들길로 접어들면 열병 짓듯 늘어 선 미루나무들이 반짝이는 잎사귀를 흔들며 연이어 길을 열어 주었다. 놀이 기구를 탈 때처럼 나는 소리를 지르고 싶었다. 내 마음속에서 가장 오래 된 환희는 그것이었다. 오랜만에 조우遭遇한 우리는 그렇게 달려서 학교에 갔다. 할아버지가 지었다는 초등학교에 청강생으로 들어 간 나는 다섯 살이었다. 선생님이었던 아버지를 따라 1학년만 세 번을 다닌 것은 병석에 계시던 어머니가 외가에서 돌아가신 때문이었다.

외가에서 돌아와 가족들과 함께 찍은 사진 속에 더 이상 어머니는 없었다. 어느 날 운명처럼 내 앞에 놓여 있는 그 사실을 나는 온몸으로 껴안았다. 몸이 시리도록 차가운 현실, 가장 슬프고 오래 된 인식, 그 슬픔이 어떻게 하여 내게 온 것인지는 도무지 알 수가 없었다. 단지 어머니가 있던 자리에 놓여 있는 그 슬픔을 나는 어머니의 유품인 양 소중히 들어 올렸다. 이후 전 생애를 통하여 이보다 무겁고 진하고 애착이 가는 것은 없었다. 홀로 오래도록 울었다. 내 가슴이 얼마나 아리고 쓰린 것인지 누구에게도 이야기 할 수 없었다. 감당할 수 없을 만큼 아픈 것이어서 누구하고도 그것을 나누어선 안 될 것만 같았다. 아무도 울지 않도록 내가 울어주는 것이 나았다. 오래전부터 그래왔던 것처럼 혼자 숨어서 우는 것이 약이었다.

 3학년이 되었을 때 아버지가 지휘하던 밴드부에 실로폰을 갖고 들어갔다. 연습을 게을리 하여 두어 번 혼이 난 후에도 낭랑한 목금木琴을 두드리며 한껏 자랑스러웠던 것은 내게도 남동생이 생겼기 때문이었다. 집에 가면 순한 비누 냄새를 풍기며 새엄마가 분홍빛 아가를 씻기거나 보송보송한 땀띠분을 바르고 있었다. 그 옆에서 새로 꺼낸 아이보리 비누를 연필 깎는 칼로 얇게 저며 소꿉놀이를 하는 것은 크나큰 즐거움이었다. 그 무렵 연주하던 「다뉴브 강의 잔물결」이나 「은파」, 「파도를 넘어서」같은 곡들은 가장 행복 할 때 떠올리는 최상의 음악이 되어 주었다.

 워낙 큰 것을 잃어버리고 난 뒤여서일까. 산다는 것에 대해 그리 큰 기대감이 없었던 나는 작은 것 하나에도 기쁘고 만족했다. 더구나 내가 상상할 수 있는 최고의 인물이 나의 아버지란 것에 늘 긍지를 가졌었다. 아버지는 일찍이 효자상을 타신 분이고, 전국의 교사들이 겨루는 연구 수업에서 최우수상을 받은 분이었다. 기름 먹인 등사 원지에 철필로 긁어내는 악보는 모차르트의 것보다 더 멋있었고, 그 악보의 모든 음표는 아버지의 손놀림에 따라 조화로운 음악이 되어 플라타너스 그늘 밑에서 교정 구석구석으로 가득히 울려 퍼졌다.

산 밑에 있는 우리 집이 산과의 경계가 확실히 구분되도록 깔끔하였던 것은 아버지의 근면성을 나타내는 것이기도 하였다. 그 표상인 양 잘 다듬어진 향나무가 산과의 경계지에 여러 그루 서있었다. 사당으로 오르는 길섶, 야트막한 나뭇가지에 매달린 설중매雪中梅가 눈 속에 피어 더욱 고귀했던 것처럼, 모든 고난과 역경에도 불구하고 언제나 씩씩해 보이던 아버지. 아버지는 내 마음속 당간지주幢竿支柱였다.

사랑채에서 바라다 보이는 언덕바지에 산 나리꽃이

지천으로 피어날 때쯤에야 아버지가 서울로 전근을 가신 것이 실감 났다. 맏이인 나에게 사뭇 진지하게 조부모님을 부탁하고, 엄마와 동생도 떠나고 없었다. 그때부터 나의 삶은 한결 고즈넉한 것이었다. 마음속의 그리움은 더욱 깊어졌다. 물을 뜨러 우물에 가면 그 깊은 물속이 내 마음 같아서 오래도록 들여다보곤 하였다.

왕자바위에 올라 석양을 볼라치면 그 너머에 있는 모든 것이 다 그리웠다. 그리운 것들을 그리워하는 만큼 그 산에 올라가는 횟수도 잦아졌다. 중학생이 되어서는 거의 매일 그곳에 올랐다. 그리 높지 않은 뒷동산이었지만 넓은 벌판과 그 벌판 끄트머리를 적시며 흐르는 긴 강물이 한눈에 펼쳐져 웅크렸던 마음이 일시에 탁 트이는 곳이었다.

왕자바위 밑 걸상처럼 한 단 내려앉은 곳에서 바라보면 우리 집은 왠지 침울해 보였다. 그럴 때면 강 건너 먼 산 너머로 지고 있는 노을을 오래오래 바라보곤 하였다. 이따금 산 뒤로 그어진 하얀 신작로에 뽀얀 먼지 구름을 일으키며 빨간 버스가 달려와서는 읍내 쪽을 향하여 사라져 갔다.

제삿날이 되면 어김없이 우리 아버지를 실어 오므로 늘 반가운 시외버스도 아버지가 오지 않을 때는 그저 지나가는 풍경에 불과 했다. 방학이 되면 저 버스를 타고 서울 집으로 가리라. 도통 정이 들지 않는 서울도 해질녘이 되면 왈칵 그리워져 하릴없이 눈자위를 뜨끈하게 하였다.

고등학교를 졸업하던 해에 할머니마저 갑자기 돌아가셨다. 마침 겨울방학이어서 할머니와 함께 아버지 생신에 맞춰 서울로 가려던 참이었다. 거동이 불편하신 할머니를 도와 머리를 감겨 드리려다 그만 내가 실수를 하였다. 물 온도를 미처 확인하지 않은 채 뜨거운 물을 한 바가지 떠서 할머니 머리에 부어 버렸던 것이다. 한달음에 달려오신 아버지는 "모두가 내 탓"이라며 우셨다.

마음 기대어 살던 할머니를 그렇게 떠나보내고 오래도록 석양 속에서 바라보았던 왕자바위와도 기나긴 작별을 하였다. '내가 사랑하는 것, 나를 사랑하는 모든 것은 나를 떠나거나 죽는다.'는 사실에 두문불출, 실의에 빠져 있었다. 그러한 나를 여러 가지 음반으로 위로해 주시던 아버지, 그러나 할머니가 돌아가신 후 아버지는 더 이상 음악을 듣지 않으셨다. 돌아가신 조부모님과 나를 낳아주신 어머니를 생각하며 평생을 속죄하듯 살아오신 아버지가 안쓰럽고 가여웠다. 그런 아버지 곁에서 묵묵히 사남매를 길러내신 새엄마를 진심으로 사랑한다.

이십대의 질풍노도와도 같은 방황을 끝내고 겨우 세상을 향해 악수를 청하고 보니 아파했던 것은 나만이 아니어서 가족 모두 상처를 입은 셈이었다. 나의 행복이 그들의 행복과 직결 된다는 것을 알만할 때쯤 결혼을 하여 이십대의 아들 둘을 두었으나 아직 부모님 앞에서는 어리광을 벗지 못한 철부지에 불과할 뿐이다. 여기까지 오기가 참 힘들었다는 생각을 하면 나와 함께 아파해준 동생들과 온몸으로 바람막이가 되어준 새엄마와 내가 사랑받고 있다는 것을 충분히 느끼게 해준 아버지에게 말할 수 없이 고맙다.

얼마 전, 전자 우편을 개통하신 아버지에게 재미있는 글이나 그림, 시원한 풍경이 담긴 음악 편지 등을 띄워 드리고 있다. 엄마와 나란히 앉아 재미있게 본 다는 아버지에게 성능 좋은 스피커를 한 대 사드려야 겠다. 아버지가 좋아하시던 모든 음악과 내가 들려 드리고 싶은 모든 음악을 모아 집안 곳곳에 울려 퍼지도록….

아버지의 자전거는 하얀 승용차로 바뀌어 바깥마당에 놓여 있다. 가까운 거리로 장을 보러 가시거나 병원에 가실 때, 엄마를 태우고 달려가는 아버지. 아버지 어깨 위에 얹힌 삶의 무게가 나보다 몇 배 더 무거웠다는 것을 겨우 헤아리게 된 때문일까.

신나게 달려가던 그 자전거는 이제 하나도 그립지 않다.

빨간 점퍼

　네 살, 가을이었다. 나를 낳고 병석에 누운 어머니는 회복되지 못했다. 아무리 아파도 사당 밑 재실 종가에 쉴 자리는 없었다. 나를 업은 어머니는 아버지를 따라 외가로 향했다. 이포나루 건너 진천 거기에서 초평까지 갔다. 개울가 방죽길 미루나무 한 그루가 휘어질 듯 바람에 떨고 있었다. 이듬해 오월 외가에서 앓던 어머니는 돌아가셨다. 비가 많이 오던 날 어머니는 외가 선산에 묻혔다. 며칠 후 막내 외삼촌은 나를 데리고 여주로 향했다. 이포 나루에서 배를 타고 모래사장에 이르러 나는 울었다. 본가에 나를 두고 외삼촌은 초평으로 갔다.

태어난 곳으로 돌아왔지만 어머니는 없었다. 어머니 없는 세상을 거부하듯 온몸에 두드러기가 났다. 연기 나는 아궁이 앞에 나를 세워놓고 누군가 수수비로 쓸어내리곤 했다. 밀짚이 타면서 피워 올리는 연기가 낱낱의 대롱에서 뿜어져 나왔다. 대롱이 뿜어내는 하얀 연기를 바라보며 하염없이 서있었다. 짚불 연기를 쐬고 거친 비로 쓸어주면 수제비만한 두드러기도 서서히 가라앉았다. 그러나 할아버지가 지어 준 빨간 약은 먹어도 배앓이가 낫지 않았다. 여름 지나 가을이 될 때까지 아픈 건 그대로였다.

고열에 시달리다 문득 깨어난 밤, 이마가 서늘하도록 열이 내렸다. 오랜만에 밥을 찾는 나에게 누군가 물 만 밥에 씻은 김치 한 쪽을 얹어 주었다. 가늘게 찢은 김치 한 쪽이 흰 밥 한 술과 함께 입 속으로 들어왔다. 사근사근 가볍게 씹히던 그 맛은 사는 맛이었다. 앞으로의 삶이 이러하리라는 것을 보여주기라도 하는 것처럼 시원하고 생생한 그 맛은 평생 잊을 수 없었고 다시 살아갈 힘을 주었다. 물 만 밥에 헹군 김치를 받아먹으며 '살아야 한다'고 생각했다. 살아서, 지금 이 상황이 무엇인지 알아보리라. 이해할 때까지, 살아 보리라! 죽음을 물리친 그 새벽, 단단히 마음먹었다.

　스물아홉 살인 아버지는 초등학교 6학년 담임이었다. 눅진한 볕을 지나 어느새 가을이었다. 아버지 자전거에 매달려 교실에 가는 것도 날이 추워 그만 두었다. 나보다 크고 죽음보다 새까만 고양이, 고양이를 품에 안은 할아버지는 지퍼를 잠가 버렸다. 두꺼운 점퍼 속에서 허리춤을 맴돌던 고양이는 보이지 않았다. 일순, 공포를 느꼈다. 금방 살아있던 고양이가 보이지 않다니, 죽었구나! 설마 내가 무서워해 죽은 건 아니겠지? 무섭긴 했지만 아주 죽기를 바랐던 건 아니었는데….
　어찌할 바를 몰라 절망에 빠진 나를 향해 빠끔히 고개를 내민 고양이, 열린 지퍼 사이로 다시 나타난 고양이를 보고 처음으로 웃었다. 엄마 돌아가신 지 여섯 달 만이었다. 몇 달 만에 웃는 나를 보고 할아버지는 그 놀이를 계속했다. 옷에 가려 보이지 않던 고양이가 갑자기 고개를 내미는 것이 나는 신기했다. 보이지 않는다고 영원히 사라지는 것은 아니라는 생각, 보이지는 않지만 어머니도 어디엔가 존재하리라는 생각이 안도감을 주었다. 삶의 비밀을 살짝 엿본 듯했다.

　크리스마스 무렵, 아버지 생신에 내종 고모들이 오셨다. 우리 어머니가 돌아가셨다는 소식을 듣고 위로차 오셨을 터였다. 고개 넘어 버스정류장까지 마중 나갔던 아버지가 고모들과 함께 마당으로 들어섰다. 할아버지 누님인 고모할머니는 우리 아버지를 끔찍이 사랑했다. 딸만 셋에 아들 하나를 낳아 아들을 귀히 여기는 분이었다. 혈육이라곤 남매뿐이니 두 분은 물론, 내외종간 우애도 각별했다. 인사를 나누는 어른들 너머로 하얀 눈이 쏟아지고 있었다. 오래된 사진 속 한 장면 같은 그날, 지열이 고모가 빨간 점퍼를 선물로 주었다. 빨간 바탕에 하얀 물방울무늬가 그 밤 내리던 함박눈을 생각나게 했다. 어린 내가 올려다 본 어른들은 하나같이 웃고 있었다. 그래서인지 그날을 떠올리면 행복한 기분이 들었다.

　그날 받은 빨간 점퍼는 모든 어려움을 이기고 살아갈 힘을 주었다. 그때를 생각하면 사랑받고 있다는 느껌이 들었으며 그것은 내가 기억하는 맨 처음 선물이었다. 내종고모 세 분 중 가장 기억에 남는 분은 셋째, 지열이 고모였다. 나를 향해 웃고 있는 지열이 고모를 떠올리면 따사로운 햇살이 등 뒤로 쏟아지는 느낌이었다. 그런 분의 지지를 받는다는 것은 기운 나는 일이었다.

몇 년 전, 집안 행사에서 내종 고모들을 만났다. 늘 고마워하던 빨간 점퍼 이야기를 하니 기억하는 분이 아무도 없었다. 빨간 점퍼를 가슴에 안고 잠든 나를 보며 아버지와 고모들은 무슨 말을 나눴을까. 어떤 위로의 말도 찾지 못하는 어른들을 대신해, '이것으로 충분하다'는 얼굴로 잠든 나를 보며 그분들 마음도 따듯했다면 좋겠다.

얼마 전, 지열이 고모가 실명할 위기라는 말에 달려갔다. 시집간 고모 따님이 난산으로 잘못되자 너무 울어서 그리되었다는 것이다. 참척의 고통이라니, 얼마나 많은 눈물을 흘렸으면 그렇게 되었을까. 우려했던 것보다 고모는 밝고 담담했다. 시력이 약해지고 시야는 좁아졌지만 조금이나마 볼 수 있으니 감사한 일이라 했다. 따님이 남기고간 외손녀가 어느새 고등학생이 되었으니 더 바랄 게 없다며 웃었다.

인류의 따듯한 미래를 위해 고민했던 앨빈 토플러도 외동딸을 잃었다. 그래서 일까, "사람마다 겪는 고통의 총량은 같다"고 했다. 그에 의하면, 내가 겪을 고통의 총량에서 마이너스가 되었다고 생각하면 고통도 참을 만한 것이 된다는 것이다. 그분의 "미래는 예측하는 것이 아니고 상상하는 것"이라는 말에서 무한 긍정의 힘조차 느끼게 된다.

그 새벽 먹었던 그 마음 그대로, 이제 나는 많은 것을 이해하게 되었다. 가족이 함께 할 집과 채소밭도 생겼다. 행복은 미래가 아니라 지금, 일상이 행복임을 믿게 되었다. 쓰디쓴 초콜릿을 먹고 난 후 달콤한 초콜릿을 맛 본 느낌이랄까. 인생에 불행만 있지는 않으리라는 것을 빨간 점퍼는 예시豫示해 주었다.

내 생애, 빨간 점퍼를 선물 받아 나는 행복했다. 빨간 점퍼가 준 위로와 희망, 무한 긍정의 힘을 전하고 싶어 가끔 점퍼를 선물한다. 행복은 불행 바로 옆에 있었다. 뒤섞인 채 초콜릿 상자에 든 달콤한 초콜릿처럼, 내 생애 잊을 수 없는 빨간 점퍼처럼.

만남

그 애를 다시 만난 것은 중학교 2학년 겨울 방학 때였다. 일곱 살 터울의 남동생과 면 소재지 스케이트장에 갔을 때 그 애가 먼저 와 얼음을 지치고 있었다. 개울가 방죽을 낀 넓은 논바닥에 개울물을 대어 만든 얼음판이었다. 겨울 햇빛을 받아 반짝이는 빙판 위로 빠르게 질주 하는 그 모습을 본 순간 갑자기 하나의 이름이 생각났다. 백열등에 불 들어오듯, 가장 작은 시간 단위를 베어 내면서 순간적으로 떠오르던 이름….

그 애는 얼음판에 두 다리를 뻗은 채 앉아 있었다. 가슴을 젖혀 두 팔에 상체를 내맡긴 품이 마치 하늘을 보며 잠시 쉬고 있는 것처럼 보였다. 그 곁을 스치듯 지나가며 내가 먼저 인사를 하였다. "안녕!" 그 애가 잠시 나를 바라보는 듯하였다. 그 뿐, 그 애도 나도 많은 사람들 속에 섞여 버렸고, 몇 시간을 뒤엉켜 놀면서도 다시금 얼굴을 마주 치진 못했다.

그림자가 점점 길어지고 있었다. 짧은 겨울 해가 우리 집 쪽으로 타들어 가는 노을을 던지고 있었다. 썰물처럼 일시에 사람들이 빠져 나가고 남아 있는 사람들도 귀가를 서두르느라 어수선 하였다. 동생은 스케이트를 벗고 신발을 신었다. 그러나 그 옆에 나란히 벗어 두었던 내 신은 아무리 찾아도 보이지 않았다. 검고 폭신한 운동화, 중학교 입학 선물로 엄마가 사 주신 건데…. 금세라도 눈물이 날 것처럼 당혹스러웠다. 설핏 기운 겨울 햇살이 근심스런 낯으로 몸을 길게 뉘여 왔다.

동생이 그 애를 데리고 왔다. 집이 가까우면 신발을 좀 빌려 달라고 했다. 그 애가 그러마고 했는지 아닌지는 기억에 없다. 내 마음은 근심 걱정으로 가득 차서 불안하기 짝이 없었다. 가까운 군부대에서 구령 소리에 맞춘 군인들의 구보 소리가 들려 왔다. 한 무리의 군인들이 얼음판을 쓸기 위해 스케이트장을 향해 달려오고 있는 것이 보였다. 때마침 그 애가 돌아 왔다. 그리고는 새까만 남학생 운동화를 말없이 내밀었다. 한눈에 보아도 너무 크다 싶었다. 그 애에게 고맙다는 말을 하였는지 말았는지는 생각조차 나지 않았다. 어린 동생을 데리고 집으로 돌아갈 일만 아득하게 느껴졌다.

개울에 놓인 다리를 건너 면소재지를 지날 때 쯤 하늘은 이미 어둔 빛으로 가라앉고 있었다. 내 발에 걸치고도 반 뼘 쯤 남는 신발을 끌면서 신작로를 따라 걷는데 자꾸만 웃음이 나왔다. '이렇게 큰 신발은 생전 처음 본다. 이렇게 큰 신발을 신는 사람도 있다니 정말 신기하기도 해.' 서쪽 하늘로 넘어간 겨울 해가 검은 구름을 장난스레 비질하고 있었다.

눈이 참 많이도 왔다. 몇 날이고 몇 밤이고, 온 세상을 다 덮어 버릴 것처럼 내리고 내려 쌓이고 또 쌓였다. 밤이면 사당 옆에서 나무가 꺾여 쓰러지는 소리가 아프게 들려 왔다. 참숯 담긴 화로를 끼고 할머니는 바느질을 하시는데 나는 자꾸만 숯머리 앓듯 어지러웠다.

신열이 오른 이마를 차가운 유리창에 마주 대고 바깥을 살피기를 여러 날, 끝없이 내릴 것만 같던 눈도 그치고 동생은 서울 집으로 돌아갔다. 모처럼 밝은 햇살이 퍼져 이제 곧 봄이 될 것만 같았다.

하얀 운동화라면 하얗게, 새것처럼 아주 하얗게 빨아서 줄 터인데…. 지붕 위에 얹힌 눈이 낙수 져 떨어지는 봉당에서 맑은 물이 나오도록 운동화를 헹구며 나는 자꾸만 마음이 쓰였다. 정한 날 정한 시간 없이 그곳으로 갔다. 여러 날을 거듭해 내리던 눈이 산과 들에 그대로 쌓여 하얗게 반짝이고 있었다. 초등학교 운동장만 하던 논바닥도 하얗고, 그 애가 운동화를 가져다주었던 그 마을도 하얬다. 굽이치던 모습 그대로 눈이 덮인 긴 개울가, 신발을 잃어버린 논둑이 아무 것도 모른다는 듯 하얀 눈을 쓰고 말없이 엎디어 있었다. 하늘만 빼고 온통 하얀 세상에 나 혼자 까만 코트를 입고 있었다. 반짝이는 눈을 눈부셔 하며 짐짓 하늘이라도 바라보려는 양 서성거리며 서 있었다.

얼마 지나지 않아 그 애가 왔다. 내가 온 걸 어찌 알았을까? 나는 뽀송뽀송하게 말린 운동화와 노트 한 권을 주었다. 돌아오면서 생각했다. 나 또한 그 애가 올 걸 미리 알고 오진 않았다는 것을…. 그 애와의 만남은 그렇게 시작되었다.

고등학생이 된 그 애와 나는 도서관의 문학 서적을 섭렵하며 가끔씩 편지를 주고받았다. "우정보다 더 깊은, 어쩌면 사랑인지도 모를 감정을 느끼고 있다."는 편지를 받기 전까지 우리 우정은 내 삶의 위로요 향기였다.

그 해 겨울, 함박눈이 온 천지를 뒤 덮을 만큼 밤새 쏟아지던 날. 그는 눈 내리는 밤길을 걸어 우리 집에 왔다. 하얀 눈을 뒤집어 쓴 그가 부옇게 흐려 보일 만큼 많은 눈이 내리고 있었다. 눈이 쌓여 하얗게 덩어리져서 있는 측백나무 울타리 밖에서 그동안 주고받은 편지를 바꿔 들고 나는 차갑게 돌아섰다. 우리의 우정은 변질되었고, 순수한 내 마음이 상처를 입었다는 것이 결별의 이유였다. 그 밤 편지를 불사르며 나는 내 어린 벗이 멀리 떠나감을 느꼈다. 퍼붓는 눈밭 속을 걸어가고 있을 그에게 나는 혼잣말로 인사를 고하였다. 그러나 그를 따라 내 어린 시절이 함께 떠나가고 있다는 것을 그때는 알지 못하였다.

"너를 못 보면 탈영할지도 모르겠다."는 그의 편지를 받고서 면회를 갔다. 기쁨에 겨워 어쩔 줄 모르는 그의 손에 이끌려 뛰다시피 돌아다니다가 저무는 가을 들녘에 섰다. 그를 닮아 훌쩍 키가 큰 수수밭 사이로 금빛 석양이 찬란히 빛나고 있었다. 그때 그가 또 금지된 사랑 이야기를 꺼냈던 듯싶다. 주변은 온통 금빛으로 술렁거리는데 나는 햇살에 눈이 찔린 듯 눈물이 차올랐다. 짐짓 시선을 옮기려는데 물기 어린 그의 눈길과 스치고 말았다. 일순 고요가 밀려 왔다. 서걱거리며 마른 잎을 비벼대던 바람 소리도 들리지 않았다. 들판 사이로 흐드러지게 핀 은빛 갈대만이 쓰러질 듯 나부끼며 부옇게 흐려지고 있었다.

헤어져 돌아오는 차 안에서 가슴이 에이듯 저려왔다. 만일 내가 사랑을 한다거나 결혼을 한다면 그건 아마도 너뿐일 거야. 절대로 그럴 일은 없을 테지만….

수수밭에서 스치던 생각이 다시금 떠올랐다.

아기예수 나시던 밤, 작은 트리를 꺼내 불을 밝혔다. 베란다에서 반짝이고 있는 새하얀 눈빛 트리는 오래 전의 그 만남을 떠오르게 했다. 살아가면서 겪는 크고 작은 만남을 통해 우리의 삶이 완성돼 가는 것이라면 어느 것 하나 소중하지 않은 만남이 없을 것이다. 그 중에서도 오래된 사진첩 속의 빛바랜 사진 한 장처럼 마음 밭에 각인된 어떤 만남을 곱씹다 보면 조금씩 그 의미를 깨닫게 된다.

유년 시절부터 지금에 이르기까지 내 삶의 모든 부분에 맞닿아 있는 그와의 만남을 회상하다 보면 삶이 주는 메시지에 고요히 귀를 기울이게 된다. 내 어린 시절의 아픔이나 상흔을 모두 알고 보듬어 품어 주었던 그, 내가 내 스스로를 가장 귀한 사람이라고 느끼게 해주는 그, 커 가는 아이들을 통해 그맘때쯤의 우리들을 생각하며 마주 웃을 수 있는 그, 초등학교 동창회에 나갔다가 다정하게 함께 돌아오는 그…. 지금에 이르러서야 그것이 바로 내가 꿈꾸었던 어린 왕자와의 만남이었다는 것을 어렴풋이 느끼기도 한다. 더불어, 삶이 내게 주는 가장 큰 선물이었다는 것도…. 온갖 것들이 버무려져 함께 뒤섞이는 현실 속에서도 그는 언제나 그 애로만 남아 있다. 오랜 세월이 흐른 후에도 옛날이야기 자분자분 나누며, 단 한 점의 후회나 미련이 남지 않도록 그 애와의 만남에 충실하고 싶다.

좁은 문으로 들어가기를 힘쓰라

    부활절을 앞 둔 봄날, 성당에서 혼인갱신식을 하였다. 혼인의 의미를 생각하고 그 뜻을 되새기기 위해 사제의 주례로 올리는 의식에 여러 부부가 함께했다. 사랑과 신의를 새롭게 하는 대열에 그이와 나도 참여하였다. 스물세 살, 큰아들이 연주자들 틈에서 클라리넷을 불었다. 「무지개 너머 어딘가(Somewhere Over the Rainbow)」였다. 사자 갈기처럼 긴 머리칼을 휘날리며 희고 긴 손가락으로 연주하는 모습이라니, 가만히 있어도 멋진 녀석이 더욱 멋져 보였다. "참 오래 살았네." 그의 감동어린 한 마디에, "이제 절반쯤 살았어요." 웃으며 화답했다. 이제 절반쯤 온 거라고, 아직 함께 가야 할 새로운 길이 남아 있노라고⋯.

내 손가락에 은빛 새 반지를 끼워 주며 그가 읊조렸다. "나, 이 요셉은 내 아내 조 세레나인 당신을, 즐거울 때나 괴로울 때나, 성하거나 병들거나, 일생 사랑하고 존경하며 신의를 지키기로 약속한 혼인 성사의 서약을 엄숙히 갱신합니다." 나도 그의 손에 똑같이 생긴 반지를 끼워 주며 결혼식 때 했던 약속을 새롭게 하였다. 억세고 거칠어진 서로의 손을 들여다보다가 우리는 잠시 눈시울을 붉혔다. 나를 위해 희생하고 나의 눈물을 닦아 준 고맙고도 슬픈 손이었다. 엇갈려 포개 얹은 손에 지긋이 힘을 주는 것으로 우리는 서로의 마음을 격려하고 위로하였다. 다시금 고요해져 흘러가는 강처럼 아무 일도 없었던 듯 아무렇지도 않은 듯 우리는 또 그렇게 흘러가야 할 것이었다.

스케이트장에서 신발을 잃어버리고 그의 운동화를 빌려 신고 온 인연으로 우리는 좋은 친구가 되었다. 몇 가지 질문을 적어 건네 준 노트에는 '데미안', '좁은 문', '알리사' 등의 알 수 없는 낱말이 적혀 있었다. 혹

연黑鉛의 육각이 선명하게 드러나도록 연필로 쓴 글씨체가 반듯하면서도 기품 있어 보였다. 권하고 싶은 책이 『데미안』이랬지…. 중학생이 되도록 책방에 가 본 적이 없었던 나는 버스를 타고 읍내로 가 그 책을 샀다. 그 다음에 읽은 책은 두 말 할 것도 없이 『좁은 문』이었다.

모든 따스한 것을 벗어 버리고 외로이 완덕完德을 향해 나아가고자 하는 알리사는 나의 영혼이 추구하는 내 모습 그대로였다. 자수정 목걸이를 내 목에 걸고 있는 양, 그녀의 내면 깊숙이 침잠하여 언제 제롬을 떠나보낼 것인지를 고민하였다. 제롬에게 보내는 열정어린 편지를 내가 쓴 것인 양 밤새워 읽고 또 읽었다. "주여! 제롬과 나, 서로 함께 의지하면서 당신께로 나아가도록 하여 주옵소서. 때로는 한 사람이 다른 사람에게 '형제여, 피곤하면 내게 기대렴.' 하면 상대방은 '너를 곁에서 느끼는 것만으로도 나에게는 충분해.' 라고 대답하는 두 순례자처럼 인생의 길을 따라 걷게 하여 주옵소서. 아니옵니다! 주께서 가르치는 길은 주여, 좁은 길이옵니다. 그 길은 좁아서 둘이서 나란히 걸을 수가 없는 길이옵니다." 좁아서 둘이서 나란히 걸을 수가 없는 좁은 길…. 알리사의 편지를 읽노라니 우리의 이별은 이미 예고된 것이나 다름없었다. 그리하여 그의 여인상이기도 한 알리사와 함께 파리하다 못해 고결하게 야위어 가는 것으로 감수성 짙은 사춘기를 시작하였다.

어느 해 가을, 덕수궁에서 열린 국전에서 검은 옷을 입은 수녀님들과 같은 칸에 전시된 그림을 앞서거니 뒤서거니 보고 있었다. 그중에 어떤 수녀님과 짧지만 깊게 눈길이 마주쳤다. 마치도 오랫동안 서로를 바라본 듯한, 무어라 형언할 수 없이 맑고 열절烈節한 느낌을 주는 그런 눈빛이었다. 기억나지는 않지만 아마도 내 어머니의 눈빛이 그러하지 않았을까 싶은…. 그 무렵 내가 품고 있는 인생 전반에 대한 고뇌에 찬 질문에 확실한 답을 알고 있다는 듯, 그런 눈빛이었다.

나는 달려가 연락처를 물었다. 진지하게 젖어 있는 내 눈을 잠시 들여다보듯 하더니 수녀님이 전화번호를 하나 적어 주었다. 이 스테파니아…. 라틴어를 쓰듯 정갈한 글씨체로 본명과 숫자 몇 개를 써 준 것이 전부였지만, 오랜 방황을 끝내고 따뜻한 삶의 기슭에 닿을 수 있으리라는 실낱같은 희망이 그 쪽지를 통해 전해져 왔다. 노아의 방주에 비둘기가 물어다 준 올리브 나뭇잎처럼, 아무런 희망도 삶의 의욕도 없던 이십대의 방랑자에게 그 전화번호는 푸르른 나뭇잎에 적힌 구원의 메시지와도 같은 것이었다.

그 후 몇 년 동안 수녀님이 계신 수도원의 교육관을 다니면서 영세도 받고 피정도 하면서, 별다른 망설임 없이 수도자의 길을 선택하게 되었다. 까맣다 못해, 칠흑같이 깜깜한 밤에 두 눈을 꼭 감은 것처럼 새까만 수도복은, 어둠을 이기고 빛으로 나아가고자 하는 고뇌와 완덕의 상징일 것이었다. 어두운 터널을 지나 마침내 빛에 이르기 까지 우리는 모든 어두움과 죽음을 이겨내고 마침내 승리해야 할 것이었다. 검은 두건에 새하얀 깃을 두른 높다란 캡은 그 어둠을 이겨낸 부활의 상징처럼 순결하고 성스러워 보였다. 어쩌다 수녀님들과 어울려 포크댄스를 출 때면 그 어떤 옷보다도 아름답게 흔들리는 그 옷자락이 내 마음을 온통 사로잡

앉다.

나를 처음 만났을 때가 몇 년간의 로마 유학을 마치고 막 돌아 왔을 때였다는 수녀님처럼 나도 진리를 향한 공부를 제대로 한번 해 보고 싶었다. 그리하여 삶에 대한 명쾌한 해답을 얻을 수 있다면 수녀님과 같은 그런 눈빛을 지니고, 나처럼 방황하는 영혼의 길잡이가 되어도 좋을 것이었다. 그것이 비록 단 한사람을 위한 것이라 할지라도 그것은 그럴만한 가치가 충분한 소중한 일이었다. 가족 이기주의에 물들지 않은 보다 근본적인 그리스도의 사랑을 실천하여, 온 세상을 인류애적인 봉사정신으로 껴안을 수 있다면 이 한 몸 부서진들 무어 대수이겠는가. 어머니를 잃은 슬픔 속에서 혼자 숨어서 울다가 외로움에 지쳐 죽어가는 삶 대신 나는 온 누리와 더불어 기쁘고 밝게 사랑하며 살고 싶었다.

출입금지 구역인 수도원의 안쪽을 둘러보고 원장님과의 마지막 면담을 마치고 나니 보다 확실한 결정을 내려야 할 시기가 다가왔다. 나는 그 길이 나의 길임을 굳게 믿어 의심치 않았다. 그 밖의 다른 것에는 아무런 미련도 기대감도 없었다.

그때, 어떤 울림 같은 것이 파도처럼 밀려왔다. 그것은 아주 깊고 그윽한 곳으로부터 가슴 맨 밑바닥을 치고 올라와 나의 영혼을 조용히 깨워 흔들었다. 처음엔 그것이 무엇인지 몰랐다. 기도와 묵상에 방해가 되어 자꾸 물리치려 하였으나 그 울림은 물러가지 않았다. 오히려 점점 더 가까이 보다 확실하게 다가왔다. 결국 그 울림에 귀를 기울이게 되었다.

그였다. 나의 좋은 친구. 나보다 더 나를 생각해 주는 사람…. 내가 수도원에 간다면 가장 슬퍼할 사람이 그였는데…. 그를 생각할 겨를도 없이 지난 몇 년을 지내 온 것이었다. 이성간의 사랑 따위엔 관심조차 없다는 태도로 어쩌다 일 년에 한두 번 만나 주던 나를 거역할 수 없는 침묵의 소리로 간절하게 그가 부르고 있었다.

건국대 근처 '핀란디아'에서 우리는 다시 만났다. 어린이대공원 앞 사거리에 있는 조용한 클래식 다방이었다. 넓은 유리벽 안에 자잘한 안개등을 넣고 눈처럼 하얀 솜을 듬뿍 얹어 놓아 언제나 크리스마스 분위기가 나는 따듯하고 아늑한 곳이었다. 우리가 가면 디제이가 베르디의 「개선 행진곡」을 얹었다. 금빛 날개 구름을 타고 가장 높은 곳을 향하여 솟구쳐 오르는 트럼펫 선율과 웅대무비하게 이어지는 대 합창에 이르기까지…. 그 곡은 온갖 종류의 어두움과 맞서 싸우다가 마침내 모든 죽음을 딛고 일어선, 숭고한 영혼을 위한 장엄하기 이를 데 없는 찬송가 같았다.

군악대 출신인 그가 「윌리엄 텔」이나 「경기병 서곡」, 스메타나의 「몰다우 강」등을 설명해 주면 기억력이 별로인 나는 그 모든 이야기가 뒤죽박죽이 되어 늘 새로운 이야기를 듣는 것만 같았다. 하지만 그때 그와 함께 들었던 음악은 언제 어디서 다시 들어도 모든 삿된 것을 물리치고 좁고도 오롯한 길을 굳세게 걸어야 한다는 느낌을 강하게 주는 것이었다.

처음으로 그와 많은 이야기를 나누었다. 그는 초등학교 1학년 때 우리 아버지가 담임이었다고 하였다. 그러고 보니 학예회 때 같은 무대에서 무용을 했던 적도 있었다. 아버지가 지도하는 밴드부에서 함께 연주를 하였으며 두 세 번은 같은 반이기도 하였다. 같이 놀거나 공부한 기억은 하나도 없지만 담임 선생님이 같은 분이니 한 반이었던 게 틀림없었다. 그 무렵에 이십 대 후반이었던 그는 허튼 데 없이 꽉 찬 사람이었다. 고교 입시에서 수석을 할 정도였으니 머리도 좋았다. 그래도, 아니 그렇기 때문에 그는 그냥 친구였다. 데미안이나 싱클레어처럼 이성이라는 느낌이 전혀 들지 않는 신실하고도 좋은 벗이었다. 고작 사랑이라는 이름으로 드높은 우정을 훼손하고, 가장 빛나는 벗을 부질없는 '연애'나, 듣기만 하여도 울렁거리는 '연인' 따위와 맞바꾸려 한다면, 천부당만부당할 일이었다. 적어도 그 일이 있기 전 까지는 말이다.

어느 날 '핀란디아'로 막 들어가려는 참인데 어디서 나타났는지 모를 오토바이 한 대가 숨 가쁘게 돌진해 왔다. 그러고는 마구 달려온 여세를 이기지 못하여 쓰러지듯 급정거를 하더니 놀랄 만큼 정확한 솜씨로 내 앞을 가로막고 섰다. 외마디 소리와 함께 나가자빠질 듯 주춤거리다가 깜짝 놀라 바라보니 그였다. 안전모도 쓰지 않은 채 전속력으로 달려 와 바람에 부풀린 수많은 머리카락이 온통 뒤로 젖혀져서는 가을바람에 휘날리고 있었다. 나를 향해 전력질주로 달려 온 그 모습이라니…. 고등학교 때 이미 사랑을 고백 하여 유리遊離당하다 시피 일정한 간격을 유지하며 십여 년을 달려 온 그였다. 그날 비로소 그의 진면목을 본 것이었을까. 지난至難했던 세월도 아랑곳없이 장난기 가득한 얼굴로 눈부시게 웃고 있는 그는 그날 참으로 멋있었다. 훌쩍 큰 키에 반듯한 이마, 깎아놓은 배처럼 하얀 잇속을 드러내며 환하게 웃는 모습, 게다가 나를 향해 사자갈기 같은 머리를 휘날리며 달려 온 모습이라니…. 알 수 없는 전율이 온몸을 훑고 지나갔다.

   흑연黑鉛각이 선명한 연필로 쓴 글씨체 위에 영원히 지워지지 않을 강인함과, 영원히 잊을 수 없는 아름다움으로 깊디깊은 화인火印을 남겨 주듯, 그는 내게로 와 깊숙이 각인 되었다. 그날 이후, 그는 나의 영웅이 되었다가, 나의 연인이 되었다가, 나의 영원한 사랑이 되었다. 아직 다 하지 못한 고백을 덧붙이자면, 여직 느껴 보지 못한 모든 사랑의 감정이 그로 인해 일어났다. 그리하여 그이만큼 멋지다거나, 멋지다 못해 고결해 보이기까지 한 남성을 아직까지 나는 본 적이 없다. 이따금 아들 녀석들의 모습에서 그때의 그를 언뜻 떠올리기도 하지만 아직 멀었다는 생각이다. 그가 지닌 순수한 열정과 변하지 않는 사랑과 신실한 우정만은 아직 따라오지 못하였기에….

육 개월 간의 '연애' 기간을 거쳐 우리는 결혼하였다. 지혜로운 어머니, 착한 지어미가 되기를 축복해 주시던 스테파니아 수녀님은 내 마음속에서 언제나 나를 지켜보고 계셨다. 돌아가신 내 어머니만큼이나 그리운 나의 수녀님! 수녀님 말씀대로 어머니의 길 또한 수도자의 길과 별반 다름없이 좁고도 숭고한 길이었다. 수녀님과 마찬가지로 나 또한 좁은 문으로 들어가기를 힘쓰지 않은 날이 없었으며, 산다는 것은 이미 좁은 문으로 들어간다는 것을 의미하는지도 몰랐다.

부활절 아침, 그이와 함께 새 반지를 끼고 미사에 참례하였다. 신부님이 강론을 하시는 동안 나도 모르게 반지를 들여다보며 남몰래 쓰다듬고 있었다. 가만히 보자니까 그이도 나와 똑같은 행동을 하고 있었다. 아마도 오랜만에 낀 반지가 낯선 듯하면서도 마음에 흡족한 모양이었다. "주여! 요셉과 나, 서로 함께 의지하면서 당신께 나아가도록 하여 주옵소서. 때로는 한 사람이 다른 사람에게 '형제여, 피곤하면 내게 기대렴.' 하면 상대방은 '너를 곁에서 느끼는 것만으로도 나에게는 충분해.' 라고 대답하는 두 순례자처럼 인생의 길을 따라 걷게 하여 주시옵소서."

좁은 문에 나오는 알리사의 기도를 반만 바쳤다. 반만으로도 충분 하였으므로….

제비꽃

금석맹약

그분

산 뒤 넘어

짧은 인생

2장

제비꽃

제비꽃

　이 세상에 제비꽃만 있는 줄 알았다. 다른 꽃은 보이지 않았다. 외가 선산에 엄마를 묻고 처음 본 꽃이 제비꽃이었다. 다섯 살에 본가로 돌아와 한 해를 울고 나니 봄이었다. 사랑채에서 조금 더 나아가 사당으로 오르는 길에 제비꽃이 피어 있었다. 돌을 박아 만든 돌계단 작은 틈이었다. 처음 만난 꽃을 들여다보며 시간 가는 줄 몰랐었다. 보고 또 보아도 볼 것이 남았었다. 작으면서도 있을 것은 다 있는 꽃이 깜찍하고 귀여웠다. 이토록 예쁜 꽃이라니, 세상이 다 환해 보였다. 그곳에 가면 꽃이 있었는데 꽃 진 자리마다 씨방이 달려있었다. 이제 막 피어난 꽃과 초록 잎사귀에 잘 어울리는 씨방이었다. 그 안에 보물처럼 자디잔 씨앗이 가득 들어 있었다.

    제비꽃을 들고 이웃에 놀러 갔다. 그 집에는 집안 아재 둘이 있었다. 나 보다 한 살 많은 형과 한 살 적은 아우였다. 우리는 마당 한편에 가마니를 깔고 누가 먼저랄 것 없이 소꿉놀이를 시작했다. 누군가 깨어진 사금파리를 주워왔다. 봄볕을 받아 반짝이는 사금파리. 어찌나 반짝이는지 그 반짝임에 오래도록 마음을 빼앗겼다. 빛나는 사금파리에 제비꽃을 담아내며 나의 삶은 시작되었다. 오리나무 잎을 겹쳐 작은 나뭇가지로 꿰매어 장바구니인 양 들고 다녔다. 나는 행복했다. 슬픔은 잊은 지 오래였다.

    그와 나는 초등학교 동창이었다. 알고 보니 그랬다. 중학교 2학년, 그를 만난 것은 행운이었다. 그는 모든 좋은 것을 가지고 내게로 왔다. 그중 으뜸은 문학이었다. 앙드레 지드와 헤르만 헤세를 시작으로 책을 보았다. 그렇게 많은 책들이 있다니, 세상은 살만한 곳이었다. 제비꽃을 특별하게 생각하는 그와 결혼하여 사내 아이 둘을 낳았다. 아이들을 키워내는 삶이란 만만한 게 아니었다. 온 힘을 다해 살아내야 겨우 생각한 방향으로 살 수 있었다.

"똘똘한 것이 꼭 닮았어!" 초등학교 1학년 때 그의 담임이기도 했던 아버지가 큰아이를 보며 말했다. "이 서방도 저랬어, 교복을 입고 아주 단정했지." 그와 만난 입학식을 떠올리며 아버지는 빙긋이 웃었다. 결혼 전 우리가 알고 있는 것은 아주 조금이었다. 살면서 알게 되는 것이 많았다.

3학년 때 면사무소 옆 임시 교실 이야기를 하다보면 한 반이었다. 5학년 때도 같은 반이었다. 담임 정병국 선생의 퀴즈열차는 대단했다. 타봤다고 자랑하다 한 반이었음을 알게 되었다. 소중한 추억을 공유하였다니 놀랍고도 신기했다.

최우수 상품은 24색 왕자파스였다. 12색 크레용을 쓰던 당시로서는 꿈도 못 꿀 학용품이었다. 첫 발령지에서 시작된 초보교사의 열의는 뜨거웠다. 방송국 인기 프로그램을 모방하였지만 그건 아무나 할 수 있는 게 아니었다. 박봉을 털어 학용품을 사고 공부도 해야

했다. 무엇보다 아이들에 대한 사랑과 열정이 있어야 했다.

서서히, 반 전체를 싣고 열차는 출발하였다. 칙칙폭폭 칙칙폭폭 칠판에 건 기차 그림도 연기를 내뿜었다. 모두가 최우수상을 꿈꾸었지만 7단계까지 가는 동안 아이들은 점차 줄어들었다. 열차는 속도를 더해 막바지에 이르렀다. 두 사람만 남으면, 그야말로 손에 땀을 쥐는 것이었다. 나는 창 쪽에 서있는 실루엣을 바라보았다. 얼굴은 안 보이는데 검은 윤곽만은 확실했다. 내 기억은 여기까지이다, 그 상품을 누가 가져갔는지 까맣게 잊고 살았었다.

실루엣 둘이 앞으로 나가 자웅을 겨루게 된 것은 순전히 그의 기억이었다. 그와 살다 보니 다음이 이어진 것이었다. 맨 마지막 문제의 답은 강소천이었다. 그가 먼저 정답을 외쳤다. 강, 강, 강…. 그는 강소천 대신 강웅구 생각이 났다고 했다. 강소천의 동시 「청소를 끝마치고」에 나오는 그 이름만 떠올랐다는 것이었다.

그 이름이라도 얘기할 걸, 선생님은 다 알고 있었을 텐데…. 그는 그때 놓친 24색 왕자파스를 못내 아쉬워

했다. 그가 잊지 못하는 그 상품은 강필수 차지가 되었다고 했다. "하필 강 씨!"라며 그가 익살스럽게 웃었다. 마주보며 우리는 크게 웃었다. 중간키에 다부진 몸매, 항상 웃는 잘 생긴 얼굴…. 선생님이 준 좋은 기억은 평생토록 우리를 이끌었다.

남양주 별내면에 신도시가 생기기 전 삼태기 모양의 땅을 샀다. 뒤에는 산, 옆으로는 계곡이 흐르고 앞에는 개울이었다. 너른 삼태기 입에 해당하는 곳에서 출발하여 우리 가족은 산 쪽으로 올라갔다. 입대하는 아들 둘과 함께였다. 가을바람이 불었다. 바람을 거슬러 가슴까지 올라오는 수풀을 헤치며 갔다. 외래종 잡초만 가득한 그곳에 토종 풀은 없었다. 계곡물에 부딪쳐 땅은 파이고 황폐했다. 그래도 좋았다. 우리가 밟을 수 있는 땅이 있다니 가슴이 트여 왔다.

계곡을 다듬고 길을 내며 틈틈이 그는 나무를 심었다. 신도시를 개발하느라 버려진 나무들이었다. 내일이면 굴착기가 쓸고 갈 비어있는 집 나무들이었다. 가으내 그는 나무를 옮겨 심었다. 라일락, 목련, 살구, 앵

두, 진달래…, 복숭아도 있었다. 모처럼 담벼락을 떠나온 나무에는 생기가 돌았다. 봄이 되자 온통 꽃을 피웠다. 꽂아놓은 매실 묘목도 꽃을 달았다.

그는 사당 앞에서 예의 그 제비꽃을 떠다 심었다. 다섯 포기였다. 그 꽃을 보다니 그곳이 곧 고향이었다. 이 봄 다시 제비꽃이 피었다. 씨방에서 튀어 나온 씨앗이 퍼져 곳곳이 다 제비꽃이다. 반짝이는 것이 사금파리만이 아니라는 것을 알게 되었어도 영롱한 그 빛만은 기억한다. 산다는 것은 원래 오리나무 잎을 들고 다녀도 행복한 것이다.

금석맹약

J네 집은 아랫말 맨 끄트머리에 있었다. 윗말 제일 꼭대기에 위치한 우리 집에서 내려다보면 잡힐 듯 가까워 보여도 한달음에는 갈 수 없는, 동네에서 제일 먼 곳이었다. 그래도 우리는 매일 그 길을 오가며 우정을 키웠다. 초등학교 오학년쯤 되었을 때 늘 하고 싶은 얘기가 많았던 우리는 종이컵에 무명실을 달아 밤낮 없이 귓속말을 주고받는 꿈을 꾸었다.

J네 집은 늘 활기가 넘쳤다. 단아하고 부지런한 부모님과 건실한 영농 후계자였던 큰오빠를 중심으로 온 가족이 똘똘 뭉쳐 힘들고 거친 농사일을 거뜬히 해 내는 화목한 집안이었다. 육 남매 중 넷째인 그 애는 생기

발랄하고 근심걱정 없는 친구였다. 초등학교에서 중학교까지 같은 마을에서 같은 학교를 다니며 대부분 같은 반에서 지내는 동안 화를 내거나 얼굴 찡그리는 것을 한 번도 본 적이 없었다.

봄이 되면 우리들은 개울 건너 고산으로 올라가 삘기를 뽑아 먹었다. 띠의 새 순이 올라 올 무렵 며칠이 삘기를 먹을 수 있는 유일한 날들이었는데 그 애는 그때를 용케 알아채곤 하였다. 여린 순을 가려 뽑아 조심스레 속살을 열면 우윳빛 새순이 길게 누워 있었다. 손톱 끝으로 집어내어 쓰윽 스치듯 입 사이에 얹으면 그 부드러움에 눈이 살짝 감겼다. 혀끝으로 어금니 사이에 밀어 넣으면 씹히는 순간 눈이 가늘게 떠졌다. 한 움큼씩 뽑아 들고 연신 씹다보면 나중엔 아주 쫀득하게 되어 껌처럼 씹고 다녔다.

삘기가 벼이삭처럼 팰 무렵, J네 뽕밭에는 오디가 무르익었다. 어른 키의 몇 배쯤 되는 뽕나무에 올라가 뽕잎 따는 일은 제쳐 두고, 검붉은 열매만 욕심껏 따 먹었다. 그러다 얼굴이라도 마주칠 양이면 오디 물이 들어 엉망이 된 얼굴을 서로의 자줏빛 손가락으로 가리키며 깔깔 웃어댔다. J네 잠실에서 누에가 넉 잠을 잘 때쯤, 너른 벌판 한 복판에는 찰 토마토가 한창이었다. 토마토는 어른 주먹의 두 배만큼 크고 단단하고 붉었다. 양손에 힘을 주어 반으로 쪼갰을 때 서릿발처럼 하얗게 반짝거리는 단면이 경이로워 먹을 때마다 햇빛에 비춰보곤 하였다.

J네는 원두막도 있었다. 내가 좋아하는 노란 참외나 수박이 한밭 가득이었다. 원두막에서 참외를 먹고 놀다가 더워지면 개울로 갔다. 수영을 못하는 나와는 달리 그 애는 개구리처럼 헤엄을 잘 쳤다. 나는 개울 가장자리에서 땅을 짚고 기어 다니며, 뱅글뱅글 맴을 도는 물방개를 들여다보거나 은빛 찬란한 송사리 떼를 쫓아 다녔다. 그러다가 물장군이나 장구애비라도 만나는 날에는 후다닥 물 밖으로 도망 나와 개울가에 앉아 있는 것이 고작이었다.

그날은 며칠 전 내린 비로 개울이 깨끗하게 씻겨 굵은 모래알이 다 들여다보였다. 동네 아이들이 모두 나와서 물놀이를 하고 있었다. 개울 한가운데 집채만 한 바윗덩어리에 올라가, 무릎 밖에 안차는 모래톱으로 연달아 뛰어 내리기를 하고 있었다. 보아하니 나만 모래톱에 서서 부럽기 짝이 없는 얼굴로 그것을 구경하고 서 있었다. 아니 어쩌면 모든 아이들이 나를 구경하고 있었는지도 모르겠다. J가 바위 밑 한 길도 넘는 곳을 오가며 헤엄을 치다가 함께 바위섬으로 가자고 하였다. 그 거리는 짧아서 엎드려 팔만 뻗으면 닿을 것 같았다. 망설이는 내게 이렇게 해 보라는 듯 J가 먼저 폴짝 뛰어 바위 위로 가 섰다. 더럭 겁이 난 나는 얼른 그 애를 따라 붙었다. 그리고는 그 애가 돌아서서 손을 내밀어 줄 겨를도 없이, 바위 위에 서 있는 그 애를 잡아채어 깊은 물속으로 빠져 들고 말았다. 물을 한번 먹고 정신이 없어진 나는 J를 드세게 잡아 누르며 허우적거렸다.

얼마쯤 뒤엉켜 있었을까. 소리 없는 전투의 한 장면처럼 먹먹한 시간이 흐르고 먼 곳에서 인 듯 떠드는 소리가 들렸다. J네 옆집 오빠가 죽어 가는 우리를 건져 주었단다. 그 날 이후 다시는 개울물에 들어가지 않았다. 중학생이 되자 그 애는 개울을 떠나 깊은 늪 속을 오가며 수영을 즐기곤 하였다. 반짝이는 치어들이 그

애 주변을 함께 헤엄치는 고산 늪은 산 그림자를 안고 고요히 가라 앉아 있었다.

그해 여름 장마 끝에 남한강이 범람 하였다. J네 집은 방 안 까지 물이 들었다. 토마토를 쌓아 둔 창고와 양잠기구가 가득하던 잠실은 폐허가 되었다. 물은 옛날 포구나루 때를 그리워하듯 아랫말을 다 삼키고 신작로 위 배미산 아래턱까지 쳐들어 왔다. 지붕만 빼끔히 떠내려 오는 집채가 여럿이었고, 돼지도 둥둥 떠내려갔다. 손 쓸 겨를도 없이 모든 것을 쓸어다 쓰레기처럼 안고 흐르는 강은 붉고 추했다. 매일 산에 올라 J네 집을 바라보았다. 안산에 기대 버티고 있는 그 집은 흙탕물 한가운데 앉아 외롭게 울고 있는 듯 보였다.

양해강에 둑막이 공사를 시작한 지 몇 년이 지났지만 지지부진 하게 미뤄지던 공사는 삼분의 이쯤 진행되었던 터였다. 굵은 자갈과 흙으로 기반 다지기를 해 놓았던 것이 그 해 장마에 휩쓸려서 기름진 벌판을 황무지로 만들었다. J네 밭은 깡그리 자갈밭이 되었다. 신혼이었던 J 오빠는 서울로 떠났다. 영농 후계자라는 영롱한 꿈 앞에 청춘을 바친 것이 죄라면 죄였다. 이듬해 J도 서울로 갔다. 알부자였던 J네는 영농 자금을 빚으로 안은 채 차츰 쇠락해 갔다.

 J는 한 해를 쉬고 야간 고등학교에 진학하였다. Y대 S병원 원목실이 그 애의 낮 시간 일터였으니 말로만 듣던 주경야독이었다. 신학대학을 나온 그녀는 전도사 시절에 신학생과 결혼하여 목사 부인이 되었다. 얼마 후 깊은 산속 오지로 들어갔다. 당집 앞에 있는 허름한 초가를 개조하여 목회를 시작하였는데 신도는 한 명도 없었다. 당집에서 징을 울리며 주문을 외면 산골짝이 울리도록 찬송가를 부르고 큰소리로 성경을 봉독하며 어려운 시간을 버텨냈다. 라면조차 떨어져서 사흘째 덜 익은 감만 먹던 J는 죽을 지경까지 가 본 터였다. 그 곳에 교회다운 교회를 세워 넘겨주고 정릉 산동네에 개척교회를 열기까지 꼬박 십 년이 걸렸다.

 새벽 네 시에 드리는 예배를 시작으로 신자 방문과 저녁예배, 성도들의 간구를 모아 드리는 늦은 밤의 철야기도까지, 어디에서 그런 열정이 나오는 것인지 몸과 마음을 아낌없이 쏟아 붓는 것이 보기만 해도 눈물

겨웠다. 배추김치 백포기, 총각김치 한 독, 깍두기 한 독, 동치미 한 독을 다 비우도록 밥을 해 내면서도 늘 밝고 명랑하던 J는 잠시도 쉴 틈이 없어 디스크를 심하게 앓았다. 나중에는 화장실 출입도 못 할 정도가 되었는데 그 와중에 날아 온 것이 아파트 딱지였다. 개발을 앞두고 허물어진 폐허 속에 가장 나중까지 남아 모든 이웃을 떠나보내고 J는 캐나다로 무작정 떠났다. 학비를 댈 길 없는 아들 딸 남매를 데리고서였다.

여느 날처럼 무심히 전화를 하였는데 그 애는 없었다. 간다는 소리는 들었지만 인사도 없이 이렇게 갈 줄은 몰랐다며 매일같이 울었다. 여러 날이 지난 후 연락이 왔는데 "기적 같은 일이 일어났다."며 흥분해 있었다. 나중에 들은 얘기는 이러 했다.

캐나다에 가서 선교 할 곳을 찾던 중 여의치 않아 열흘 후면 다시 돌아 와야 할 형편이었다. 아는 분의 소개로 토론토 한인 교회에서 이십여 년 봉직하신 목사님을 소개 받았다. 그분에게 여기까지 온 신앙의 과정을 이야기 하였는데 이를테면 이런 식이었다.

중학교를 마치고 서울로 간 J는 교회를 다닌다는

'신자 확인증' 같은 것이 필요 했다. 그것이 있어야 원목실에 취직이 된다는 것이었다. 그 애는 집으로 가던 중 아무 교회나 들어갔다. 그 교회에서 노老 목사님을 만나 서로 약속을 하였다. '앞으로 예수님 믿고 교회에 잘 다니기로' 새끼손가락 걸고 서로의 엄지를 마주 대고 도장 찍는 시늉까지 하였다. 노 목사님은 어린 소녀를 믿고 신자 확인증을 써 주었고, 그 덕분에 취직을 하여 공부를 마치고 예까지 왔노라고 하였다.

그런데 갑자기 듣고 있던 목사님이 손을 덥석 잡더니, "그분이 바로 나의 아버님"이라며 대성통곡을 하더란다. 성함을 확인한 후 J도 함께 부둥켜안고 울었다고 하였다. 노 목사님은 돌아가시기 전 수차례에 걸쳐 '그 소녀' 이야기를 하시며, "내가 뿌린 씨앗 중에서 열매를 확인 할 수 없었던 유일한 씨앗"이라며 아쉬워 하셨다는 것이다.

J는 그 날로 그 교회 전도사 직분으로 신원을 확인 받아 칠 년째 아이들 대학 보내며 잘 지내고 있다. 남편 되는 목사님은 이곳에 남아 교도소 사목과 군부대 목회를 하고 있고 근면 성실한 J 오빠는 엔지니어가

되어 옛날 세 들어 살던 동네에 자그마한 주택을 마련하였다.

캐나다에서도 아르바이트를 하며 교회 일과 집안일로 허리를 못 펴고 산다고 하면서도 늘 밝고 명랑한 J가 보고 싶어 몇 년 전에 일부러 찾아가 만나고 온 적이 있었다. 나이아가라폭포 근처에서 한 시간 정도 만난 것이 전부였지만 아쉬움도 미진함도 없었다. 그저 건강하게 잘 지내는 것을 확인한 것으로 족했다.

이즈음, J를 생각하는 시간이 많아졌다. 아마도 그 애가 무척 보고 싶은 모양이다. 해마다 뻘기는 패고, 오디는 떨어지고, 토마토는 무르익는데….

나의 친구는 아직도 선교중이다. 금석맹약을 실천 중이다.

그분

그분이 뜨면 저 아래 고샅길부터 시끄러웠다. 우리 집으로 올라오는 샛길에 들어서면 그분의 생방송은 더 크게, 걸걸한 육성으로 시작되었다. 그분은 필시 저잣거리에서 돌아오는 길일 터였다. 장터를 한 바퀴 휘돌아 보는 사이 아주 가까운 마을에서 먼 읍내 소식까지 귀에 담고 눈으로 익혀 중얼중얼 되뇌며 예까지 왔을 것이었다. 마을길에서 꺾어져 우물까지 올 때쯤이면 쉰 듯하면서도 우렁찬 그분의 목청은 한껏 높아졌다. 집안 어느 구석에 있든지 무슨 얘기를 하는지 다 들렸다. 가파른 오르막길을 숨 가쁘게 올라와 바깥마당에 들어서면 입 안팎으로 고인 게거품을 단번에 모아 뱉어 낸 뒤 "아씨 마니임!" 하고 할머니를 불렀다.

할머니는 반가운 기색은커녕, 소란을 피우는 것이 미워 죽겠다는 듯이 눈을 한번 흘기고는 비스듬히 앉아 귀만 슬쩍 열어 놓았다. 들어 주는 귀, 할머니의 귀를 만난 그분의 생방송은 리허설 할 때보다 훨씬 더 사실적이었다. 몸짓을 써 가며 일인다역의 성대모사로 흥미진진하게 진행되곤 하였는데 정규 방송의 아홉 시 뉴스가 그만 할까? 온갖 세상사를 본대로 들은 대로 약간의 과장과 허풍을 섞어 시시때때로 전해 주기란 인터넷 방송도 못 미칠 터였다. 그때나 지금이나 세상 돌아가는 이치는 같아서 그렇고 그런 주변 야사였을 것이지만 사십 줄에 문밖출입을 접은 할머니에게는 걸어 다니는 귀나 마찬가지였다.

육척장신쯤 되지 않았을까? 그분의 콘셉트 중에 빠질 수 없는 것이 행주치마였는데 그분의 역할만큼이나 다양하게 쓰였다. 광목 치마저고리 위에 삼분의 이쯤 덮이도록 두르고 양팔을 크게 휘저으며 걷던 그분의 행주치마는 그분 평생의 반려이자 상징물이었다. 언제 어디서건 잔일을 돕다가 밥 한 끼니를 해결 할 때 그분의 복장은 말 그대로 '준비 완료'였다. 잔칫집 상갓집 가릴 것 없이 남은 음식을 둘둘 말아 보이지 않게 싸오기 십상이었고 물 묻은 손을 급히 닦을 때도 편했다. 가끔이긴 하지만 질펀히 고인 코를 맨손으로 잡아 풀고 난 후에도 매우 요긴하게 쓰였다.

논밭일을 한다든지 차분하게 안살림을 챙기는 것이 성격에 맞지 않았을 뿐, 특별히 곤궁한 것은 아니어서 윗마을 제법 반듯한 기와집이 그분 댁이었다. 할머니와 비슷한 연배에 시집 와서 고만고만한 자손들을 낳아 기르던 그분, 어느 날 갑자기 바깥어른이 돌아가신 후 호구지책으로 방물장수로 나섰다 한다. 일의 특성상 집주인 허락 없이도 안채까지 출입이 가능하던 터에 바로 이웃한 우리 집은 한 집안이나 다름없었다. 엄하기 이를 데 없는 할아버지에게 치부책을 맡겨 놓고는 아침마다 할아버지 도움을 받아 할머니와 함께 치부책을 정리하였는데 그것이 그분 하루의 시작이었다.

머리가 휠 지경으로 방물을 담아 이고 이 마을 저 마

을을 전전하며 온종일 행상을 다니는 것이 그분 일과였다. 어제 판 물건 값을 오늘 곡식으로 받는 식의 물물교환이었으니 물건을 팔았다고 해서 머리에 인 보따리가 가벼워질 리 만무했고 밀린 외상값을 터는 가을이라도 될라치면 등에도 한 짐 잔뜩이었다.

가을도 깊어 눈이라도 내릴 듯 어두운 저녁이었다. 우리 집 옆 비탈길을 뭉쳐놓은 어둠인 양 누군가가 내려가고 있었다. 등짐을 잔뜩 지고 무거운 무게에 눌려 왜소해 보이기까지 하던 그 모습, 처음엔 몰랐는데 다시 보니 그분이었다. 천장에 닿을 듯 큰 키와 약간 치켜 올라간 눈매, 늘 밝고 활기 있어 보이던 그분이 그렇게 힘들어 보인 건 처음이었다. 절반쯤 몸을 꺾은 채 한 발짝 두 발짝 느린 그림처럼 어둠 속으로 사라지던 그분은 세월이 가도 잊히지 않았다. 이 세상 모든 고통을 짊어진 어머니의 모습 같았다.

눈, 비 가릴 것 없이 행상을 다니는 동안 외상을 준 집과 외상값을 받은 집, 그리고 새로이 주문 받은 물건

등을 중얼 중얼 되뇌다가 행여 잊을세라 잰 걸음으로 달려와 머릿속 계산을 쏟아 놓으시던 분, 그분은 우리 할아버지를 꼭 '교장 선상님'이라고 불렀다. 그러나 교장 선상님은 일종의 호칭일 뿐이어서 특별히 어려워하는 기색은 찾아 볼 수 없었다.

그분은 한쪽 무릎을 세워 앉은 자세에 팔꿈치를 꺾어 얹고는 손바닥에 고인 턱을 연신 주억거리며 계산을 맞추곤 하였다. 모든 것을 기억에만 의존해야 하는 그분이 골똘히 생각에 잠길 때쯤이면 으레 치맛자락 밑으로 커다란 맨발이 드러나곤 하였다. 발 드러내는 것을 금기시 하던 할머니를 더욱 질색케 하는 것은 발 디딘 자리마다 질퍽하게 찍혀 나는 발자국과 휘감긴 치맛자락에서 쏟아지던 흙, 모래, 먼지였다. 마루고 방이고 할 것 없이 어지럽게 찍혀 있는 발자국, 푸지게 쏟아진 흙먼지를 젖은 걸레로 슬쩍 닦는 시늉이라도 하는 날엔 더더욱 큰일이었다. 물기가 걷히기 무섭게 부옇게 흐려지는 것이 빗자루로 쓸어내느니만 못했기 때문이었다. 사철 맨발이었던 커다란 발에 온 고을 흙먼지를 고르게 묻혀 나르면서 할머니 지청구를 들으시던 분. 하지만 그분의 거칠고 흙 묻은 발이야 말로 이 세상 풍파를 헤치며 걸어가는 씩씩한 발이었다. 고통과 맞닥뜨린 여장부의 발이었다.

우리 할머니로 말할 것 같으면 일찍이 전주 기전 여고를 졸업하고 신문물을 접한 신여성으로 꿈과 야망이 남다른 분이었다. 경기도 여주 오지나 다름없는 종갓집으로 시집와 강습소를 짓고 학생들을 가르쳤다. 그러나 현실은 냉혹하여 무엇 하나 할머니 마음대로 되어 주는 일이 없었다. 낳은 지 얼마 안 된 작은아들을 잃고는 아예 강습소를 접었다고 한다. 더구나 사십 초반에 풍을 맞고 겨우 집안 출입만 할 수 있게 회복된 터였다. 선대로부터 이어지는 인연으로 '아씨마님'이지, 풍속이 바뀌고 세상이 달라진 터에 그분이 특별히 할머니를 공경하고 공대할 이유는 없었다.

위엄이 가득한 얼굴로 모든 사람을 수족처럼 부리던 할머니도 그분 앞에서는 보일 듯 말듯 웃음을 지으며 이런 저런 이야기를 곧잘 풀어내곤 하였다. 그분은 거의 매일 거르는 법 없이 바깥소식을 날라 왔다. 그 흔한 고뿔 한번 걸리는 적이 없었다. 우리 할아버지께서 돌아가시고 방물장수를 그만 둔 후로는 더욱 자주 드나들었다. 하루에 몇 번이고 찾아 와서는 다리가 불편한 할머니를 부축하거나 축지법 쓰듯 한달음에 장을 봐 오고는 하였다.

한때 그분을 몹시 싫어 한 적이 있었다. 음악 방송 듣는 것이 취미인 나에게 그분은 집안 어디에 있어도 들리는, 피할 수 없는 소음이었다. 그러나 그것은 잠시의 변덕이었을 뿐 그분을 생각하면 나도 모르게 입가에 웃음이 번지고 마음이 따듯해져왔다.

라면이 처음 나왔을 때였다. 학교에서 돌아오니 가마솥에 무엇인가 끓고 있었다. 생전 처음 맡는 구수한 냄새에 들여다보니 밥 하는 것에 맞먹을 만치 장작불을 지펴 넣고 고작 두세 봉지의 라면을 끓이고 있었다. 세 사람이 둘러 앉아 퉁퉁 불어 터진 라면을 먹는데 어찌나 맹맹하던지…. '원래 이런 것인가?' 하고 뒤적여 보았더니, 아니나 다를까 뜯지 않은 스프 봉지가 잔뜩 오그라져 나왔다. 라면 봉지만 열고 그대로 쏟아 넣은 것이 분명했다.

아버지는 서울로 전근 가고 할머니와 단 둘이 지내느라 아주 외로웠던 적이 있었다. 그때 만일 그분이 아니었다면 적막강산이나 바라보았을 터였다. 할머니 곁에서 자신의 존재를 드러내지 않은 채 따스한 삶을 살다 간 그분을 생각하면 절로 고개가 숙여진다. 그 때는 미처 몰라 뵈었지만 그분은 발 빠른 수호천사였거나 손이 천개쯤 달린 천수보살님이 틀림없었다.

고등학교를 마치던 해, 할머니께서 갑자기 돌아가시는 바람에 서울 집으로 올라오게 되었다. 그로부터 얼마 지나지 않아 안부를 물으니 뜻밖에도 그분이 돌아가셨다고 하였다. 할머니 가고 난 후 거짓말처럼 말을 잃고 기운이 떨어졌는데 며칠 사이에 폭삭 늙으셨다는 것이다. 바람처럼 휘돌아 치다가 고즈넉한 집안에 삶의 입김을 불어 넣어 주던 분. 그분은 들어 줄 귀를 따라서 하늘나라로 간 것일까? 그러고 보면 할머니만 위로 받은 것은 아니었나 보다. 우리 할머니 또한 그분의 삶에 없어서는 안 될 귀가 되어 모든 이야기를 담아 주었던 것이다.

그분 댁에는 지금 큰손자가 살고 있다. 자손들도 그

분을 닮아 모두 상인으로 성공했다고 한다. 할머니 마음을 싣고 먼 곳까지 다녀오던 그분의 발걸음인 양 언뜻 지나는 바람결에 가벼운 아카시아 향이 묻어 왔다. 물 위에 쏟아지는 햇빛을 은빛 스카프처럼 흔들면서 먼 강물이 흘러가고 있었다. 수없이 많은 날들도 우리를 스쳐 지나간다. 모든 것을 기억하고 있을 가파른 오르막길과 바깥마당, 모든 나무와 마룻바닥에도 켜켜이 세월이 쌓여 갔다.

행주치마를 펄럭이며 바쁘게 걸어가는 그분의 뒷모습이 눈에 선하다.

산 뒤 넘어

"우리 인생 한번 가면 다시 오기 어려워라, 에헤 에헤에에" 아랫마을에서 상여 끄는 소리가 났다. 소리만 들릴 뿐 상여는 보이지 않았다. 상여를 보려고 산언덕 길을 따라 말 무덤 있는 곳까지 달렸다. 보통리 고택을 중심으로 80여 호 마을이 한눈에 들어왔다. 따듯해진 날씨에 벌판 끝 남한강이 아득해 보였다. 가까운 고산도 희뿌연 했다. 펼쳐진 논밭 사이로 구불구불 흘러온 개울이 물개강을 향해 흐르고 있었다. 잔바람에 노란 버드나무 가지가 물에 닿을 듯 흔들렸다. 산수유도 피었다. 가는 듯 마는 듯, 급할 것 없어 보이는 꽃상여가 이제 막 동구 밖으로 나가고 있었다. 일렁일렁 주춤주

춤 상여는 마을 밖 산언저리를 돌아 산 뒤로 향했다. 초등학교 6학년 봄이었다.

"말없이 소리 없이 떠나는 임 어디로 가나/ 북망산천이 머다 더니 내 집 앞이 북망일세" 요령 잡은 선소리꾼이 구슬프게 메겼다. "에헤 에헤에에 너화 넘자 너화 너." 상여를 멘 사람들이 그 뒤를 받았다. "산을 넘고 물을 건너 산촌으로 들어가니/ 이제 가면 언제 오나 오실 날이나 일러 주오." 베옷 입고 머리에 띠를 두른 사람들이 상여를 따르며 곡을 하고 있었다. 소복한 사람이 가는 임을 말리려는 듯 허공을 향해 손을 내저었다. 그러다 그만 상여를 부여잡으며 통곡을 했다. 말무덤 아래에서 상여는 요령 소리를 따라 좌우로 흔들렸다. 하얗게 옷을 입은 사람들이 주저앉아 곡을 했다. "에헤 에헤에에 너화 넘자 너화 너." 우렁우렁 같은 말로 받아도 슬프기는 매한가지였다.

우리 마을 북망산은 '산 뒤 넘어 골'이었다. 누구든지 죽으면 그곳에 묻혔다. 누군가 이 세상을 떠나면 곳집에서 상여를 꺼내 꽃을 달았다. 봉황으로 장식한 위쪽에 포장을 쳐 햇빛을 가리고 상두꾼은 어깨에 하얀 끈을 둘러메었다. 선소리꾼이 요령을 들고 상여 앞에서 선창하면 마을 장정들이 입을 모아 뒷소리로 받았다. 걸음을 멈추고 한 마을 공동체가 부르는 상여소리는 이승과 저승을 잇는 마지막 의식이었다. 죽은 넋만이 아니라 살아있는 사람조차 위로해 주는 소리였다.

  꽃상여는 점점 마을에서 멀어졌다. 고개 하나 넘으면 산 뒤였지만 상여는 절대 고개를 넘는 법이 없었다. 지름길이 좋았던 것도 잠시일 뿐, 이 세상 마지막 길은 돌아가는 상여 길이었다. 누구이든 상관없이 그가 살던 동네에서 가장 먼 동구 밖까지 나가 만장을 휘날리고 만가를 부르며 갔다. 떠나고 싶지 않은 망자를 대신하여 길게 이어진 길을 느릿느릿 천천히 갔다. 여럿이 함께 흰 끈을 둘러메고 갔다. 상여를 타고 생전에 다니던 길을 되밟아 여기까지 온 고인을 생각했다. 부음을 듣는 그 순간부터 온 동네 사람은 근신하며 머리도 감지 않았다. 오로지 하나 돌아가신 분만 생각했다. 이보다 더 중요한 일은 없어 보였다. 삶에서 가장 중요한 것이 죽음이라니…. 상여 소리가 좋았던 것은 그때부터였다. 자연스레 선소리꾼인 그분을 존경하였다. 내 또래였던 그분의 아들도 기억했다.

중학생이던 어느 날, 할머니 심부름으로 그 집에 텃도지를 받으러 갔다. 그 집은 마을 경계를 지나 언덕 너머에 있었다. 비탈진 곳에 터를 닦아 낮인데도 어두웠다. 차마 말을 못하고 바깥마당, 아니 길목에 서서 신발 바닥으로 땅만 비비고 있었다. 가을 햇살이 모래에 부서지며 내 눈을 찔러댔다. 언뜻 그분이 나타났다가 어둠속으로 사라지는 듯했다. 못할 짓을 하러 온 듯 나는 그만 돌아서서 언덕을 달려 내려왔다. 며칠 뒤 텃도지가 들어왔다.

강렬했던 그날의 기억은 잊히지 않았다. 그 기억은 언젠가 죽는다는 사실을 직시하게 했다. 어둠과 빛이 하나이듯 삶과 죽음도 하나였다. 죽은 이를 잘 보내는 것이 살아있는 이를 보살피는 일이기도 했다. 다섯 살 봄, 몸이 아파 외가에 간 어머니는 외가 선산에 묻혔다. 꽃이란 꽃은 다 피어 먼저 핀 꽃이 질 무렵이었다. 그분 소리를 따라가다 보면 내 어머니의 나라에 닿을 수 있을 것만 같았다.

시집가기 전 시댁에 인사를 드리러 갔다. 시할머니께 큰절을 드렸다. 채 일어나기도 전에 "허리는 나날이 허리를 해 가지고, 애나 낳을 수 있으려나?" 하고 말씀하셨다. 뒤로 자빠질 뻔한 허리를 겨우 일으켜 세웠다. 나날이라니, 개미보다 더 가는 허리를 가진 벌과의 곤충이 아니던가? 지금이야 칭찬이지만, 유난히 가는 허리를 가졌던 그때는 신경 쓰이는 말씀이었다. 이후 아들 둘을 낳아 기르는 내게 시할머니 하시던 말씀, "허리가 굵어졌어, 키도 큰 것 같고!"

1906년생 시할머니는 나와 함께 십여 년을 사셨다. 신혼여행에서 돌아오니 나보다 먼저 신혼집에 와 계셨다. 나는 또 그것이 좋았다. 나를 좋아하는 분이니 당연히 함께 살아야 한다고 생각했다. 시할머니는 김치를 좋아하셨다. 그중에서도 질깃한 무청을 좋아하셨다. 그리고 하고 싶은 말은 그냥 하셨다. 앞뒤를 재거나 하지 않으셔도 옳은 말씀만 적당히 하시는 분이었다. 우리 아이들을 돌보아 주신 분, 함께해서 더 아름답고 행복한 날들이었다.

시할머니와 가장 즐거웠던 것은 이포에 있는 세월

리로 놀러간 것이었다. 그곳은 시할머니 고향에 있는 개울이었다. 송사리떼 헤엄치는 맑은 물속에는 굵은 모래가 깔려 있었다. 깊어야 허리 아래, 물소리마저 잦아든 너른 자갈밭을 골라 길게 차양막을 쳤다. 3남 1녀를 둔 시할머니는 손주가 19명, 증손주가 36명이었다. 여든이 넘은 시할머니를 비롯하여 백일이 갓 지난 증손자까지 모인 가족만 53명이었다. 장손인 남편의 지휘 아래 큰 솥도 걸었다. 차양막 그늘에서 시고모부가 노래를 했다. 작은 아버님들도 한 곡조씩 뽑았다. 노랫가락에 맞춰 시할머니께서 덩실덩실 춤을 추셨다. 굽은 허리를 곧게 펴고 얼마나 좋은지 보여 주셨다.

그런 시할머니께서 병이 나셨다. 신장 하나가 완전히 망가져 기능을 못하고 다른 하나도 그리 쓸 만하진 않다며 수술을 해야 한다고 했다. 시할머니 연세 82세였다. 나는 어찌할 바를 몰랐다. 의사는 시할머니를 아파트에 가둬 두지 말라고 했다. 그날 즉시 시할머니를 시골 본가로 모셔다 드렸다. 의사 말도 들어야 했지만 시어머님께서 한약이라도 다려 드리게 모시고 오라고 한 것이었다. 일주일 뒤에 다시 가 보니 씩씩하기 이를 데가 없으셨다. 가시던 날로 동네 한 바퀴를 도시고, 요즘은 밭에 김매러 다니신단다. 그 후, 한 번도 안 아프시고 95세까지 사신 것을 보면 그 의사가 참 명의였다. 시할머니는 본가에서 넘어지신 후 보름 만에 그만 돌아가시고 말았다. 어머님이 대세를 드렸는데 세례명이 '안나'였다.

 장례를 주관하는 분이 지붕에 올라서서 초혼을 하였다. 시할머님 입으시던 저고리를 왼손에 들고 오른손은 허리에 대어 북쪽을 향해 죽은 혼을 불렀다. 고복 의식은 임종 직후 북쪽을 향해 망자 이름을 세 번 부르는 행위로 죽은 사람을 재생시키려는 의지를 표현한다. 그러나 결과적으로는 죽음을 확인하는 절차인 것이다. 시어머님 말씀대로 허드렛일 할 때 입는 바지 스무 장과 장화 스무 켤레도 준비했다. 12월 초였다.

 본가 마당에서는 상여를 꾸미느라 한창이었다. 꽃상여였다. 종이로 만든 연꽃 수파련을 상여에 달고 있었다. 음식도 풍성하고 구름처럼 많은 사람이 모였는데 시할머니만 안계셨다. 발인하는 날 하얀 눈이 흩날렸다. 작은댁에서 노제를 지내고 개울 길로 들어섰다. 눈도 그치고 봄 날씨처럼 화창했다. 울며 가는 길이 따듯하고 몽롱했다. 3km쯤 떨어진 선산 능골을 향해 꽃상여는 느리게 움직였다. 마을을 지나 좁은 산길로 들어서자 휘몰아치듯 선소리가 빨라졌다. 받는 소리도 잿다.

봉분 주변 흙을 다지면서 영이별의 쓰라림을 소리에 담았다. "세월아 펄펄 가지 마라／ 장한 청춘 다 늙어간다." 발을 맞추며 도는 달구질 소리는 인생의 허무함과 삶의 어려움을 노래했다. "두웅 둥, 두웅 둥" 중앙에 선 선소리꾼이 북을 치며 선창하자 시계 반대 방향으로 도는 상두꾼들이 "에헤 달구"로 받았다. 영생을 비는 마음으로 사람 키보다 큰 막대로 땅을 다지는데 흙에 회를 섞어 '회다지 소리'라고도 했다. 무덤은 천년만년 살아갈 망자의 집, 망자의 집을 단단히 밟아 주는 것은 후손에게 복을 빌어주는 것이기도 했다.

시할머니와의 이별이 아쉬워 가족은 물론 마을 사람 모두 달구질을 했다. 달굿대 하나씩을 잡고 발을 번갈아 내딛으며 "에헤 달구", 입을 모았다. 선소리꾼의

재담에 울고 웃으며 달구질을 했다. 어느 정도 흙을 밟아서 봉분이 다져지자 상두꾼들이 노래를 그치고 내려갔다. 마을 아낙들이 술과 고기로 상두꾼들을 대접했다. 이와 같은 과정을 두 번 더 하자 달구질소리가 끝났다. 달구질을 하는 동안 가슴에 남아있던 서러움이 어느덧 축원으로 바뀌었다. 시할머니께서 꽃 세상에 가셨으면 했다. 꽃상여를 장식했던 수파련이 훨훨 타고 있었다.

짧은 인생!

그날 비보를 듣지 않았으면 좋았을 것을. 내 삶에서 단 하루를 선택해 빼 버릴 수 있다면 그날 그 시간을 흔적 없이 지워버리고 싶다. 미국 동부 디트로이트에 다녀온 지 꼭 일 년이 되는 시점이었다. 7월 22일 11시. 한낮의 더위가 몰려 올 즈음 청천벽력같이 날아든 비보는 '철수가 죽었다'는 것이다. 무슨 뜻인지 몰라 짜증스럽게 되묻다가 남동생의 좀 더 자세한 설명을 듣고 그만 수화기를 떨어뜨렸다. 이렇게 간단하게 내 귀에 대고 그가 죽었다고 말하는 이 현실을 벌컥 떠밀어 버리 듯 송수화기를 놓아버렸다. 맞은편 책상에서 휘둥그레진 눈으로 묻고 있는 남편에게 멍하니 중얼거렸던 것 같다. "철수가 죽었대요."

그는 내 여동생의 남편이다. 다섯 살짜리 지혁이 아빠인 그는 무녀 독남이다. 그는 이 세상을 통틀어 하나밖에 없는 사람이었다. 하나밖에 없는 남편, 하나밖에 없는 아빠, 하나밖에 없는 아들, 하나밖에 없는 동서…. 내 남편에게 그가 유일한 동서였던 것처럼 사랑하는 모든 이에게 그는 하나밖에 없는 그래서 더욱 소중한 사람이었다. 대체가 불가능한 사람….

그 일이 있기 일 년 전, 우리 가족이 뉴욕에서 일박을 한 후 디트로이트 공항에 도착하였을 때 펄쩍거리며 뛰어 오던 그의 모습이 지금도 눈에 선하다. 학교 인근에 있는 동생네 아파트는 세 식구가 살기에는 턱없이 작아 보였다. 그러나 꿈을 향해 뭉쳐있는 세 사람은 더할 나위 없이 기쁘고 행복해 보였다. 저녁을 먹고 난 후 근처 캠퍼스로 산책을 나갔을 때 무수히 날아다니는 반딧불을 마치 제 것인 양 자랑하던 그, 이따금 사슴이 내려와 목을 축이고 간다는 실개천 가에 고추, 파, 시금치 등을 심어 놓고 물도 주고 풀도 뽑아주던 그, 하나밖에 없는 아들을 물고 빨고 주물러 터칠 듯이 귀여워 하다가 결국엔 울려놓고 다시 어르고 달래주던 그…. 광활한 대지를 가로지르는 고속도로를 따라 일곱 시간쯤 달려 캐나다의 나이아가라에 닿았을 때 눈물겹게 좋아하던 그…. 아르바이트로 생활을 꾸리면서 MBA과정을 밟고 있는 그에게 여행은 꿈도 못 꿀 일이요 앞으로도 힘들고 어려운 일이 첩첩 산중인 터였다.

떠나오던 날 공항까지 배웅 나온 그에게 나는 아프게 한마디 했다. 부모만이 사랑 해주는 아이는 밖에 나가서 미움을 받기 마련이라는 것, 처음부터 되는 것과 안 되는 것을 확실히 구분해 주어야 분별력이 생겨 떼를 쓰지 않으리라는 것, 진심으로 아이를 사랑한다면 '부모가 없을 때까지를 생각해서' 절제된 사랑으로 훈육하고 가르쳐야 한다는 것. 지나치리만큼 혹독하게 힐책에 가까운 어조로 부탁하고 충고 했던 것은 조카 녀석의 생떼가 도를 넘는 수준이기 때문이었다.

한번은 도저히 녀석을 달랠 수가 없자 겁을 주려고 아이를 혼자 둔 채 동생이 숨어서 지켜보고 있었단다. 그런데 언제 누가 신고를 하였는지 경찰이 긴급 출동

하여 각서를 쓰고 나왔단다. 공항에서도 초콜릿이 사달이 되어 공항 직원에게 불려가 주의를 받고 온 터였다. 비지땀을 흘리며 생떼를 쓰는 어린애와 지칠 대로 지친 동생과 어떻게 해야 할지를 모른 채 사태 수습이 안 되는 그가 딱하기 짝이 없었다. 길게 이야기 할 시간은 없고 곁에서 도와 줄 수도 없는 상황에서 그들의 모습은 시급히 고쳐야 할 문제 덩어리로 여겨졌다. 하지만 이제 와서 생각하니 내 짧은 소견에서 나온 부질없는 짓이었을 뿐, 압축된 시간이 면면히 흐르고 있었다는 사실을 그때는 알지 못하였다. 볼을 부비고, 입맞춤을 하고, 씨름을 하고, 목말을 태우고, 울렸다가는 다시 웃기면서…. 모든 것에 우선하여 그는 사랑을 주고 싶었던 것이다. 네 살짜리 꼬마 녀석에게 영원히 기억될 수 있는 사랑이란 무조건적인 사랑뿐이라는 것을 그는 너무도 잘 알고 있었던 것이다.

우리 내외가 장례식장에 도착하였을 때 동생은 소리 없이 눈물만 흘리고 있었다. 검은 정장을 입고 제 어미 가슴팍에 안겨있는 조카 녀석도 끅끅거리며 속울음을 울고 있었다. 두 모자는 서로 마음 아플 것을 헤아리느라 이를 악물고 미어져 나오려는 울음을 참고 있는 것만 같았다. 내 어깨에 쓰러지듯 기대며 동생이 말했다. "참 평화로워 보이지?" 그랬다. 그는 더할 나위 없이 평화로워 보였다. 교통사고라는 것이 믿어지지 않을 만큼 온전한 그는 이 세상 근심을 모두 잊고 그저 긴 잠에 빠져 있는 것만 같았다. 아무도 울지 말라는 듯, 아무 걱정 말라는 듯, 하늘나라가 저의 것임을 믿어 의심치 말라는 듯 평안해 보이던 그는 여전히 잘 생기고 멋있었다. 그에게 예복 정장을 입히던 경험 많은 장의사도 젊은이가 아깝다며 진심으로 애도를 표하더란다. 그 애도가 지나쳐서 그만 장의사 본인의 양복 뒤쪽을 찢어 입히는 실수를 저지르고는 이런 경우는 처음이라며 민망해하더란다. 흐르는 눈물을 닦느라 잠시 안경을 벗어 두었는데 둘 다 검은 정장이어서 착각을 하였다는 것이다. 그 얘기를 전해주는 동생의 입이 반은 웃고 반은 울면서 비죽비죽 비틀어졌다.

사고가 나던 날은 천둥번개에 폭우를 동반한 사납

고 험한 날씨였다고 한다. 악천후 속에 전신주가 쓰러지고 정전이 되어 고개 너머는 이미 아수라장이 되었단다. 고갯마루에서 그 너머에 무슨 일이 벌어졌는지도 모르는 채, 운전을 하던 외사촌 오빠가 담배 한 개비를 물고 불을 붙이려는 찰나 그만 그 아수라장 사이로 돌진하고 말았단다. 외사촌 오빠 내외는 다리가 부러지고 피투성이가 되었는데 뒷좌석에서 안전벨트를 매고 앉아있던 그는 말짱했더란다. 그는 서둘러 차 밖으로 나왔고 쏟아지는 빗속에서 사태를 수습하려고 애를 썼던 것 같다. 그러나 정작 위중한 것은 그였다. 구급차가 왔을 때 그는 계속 "춥다"고 했고 이송된 병원에서 미처 손 쓸 사이도 없이 숨을 거두고 말았다. 안전벨트에 의한 장기 파열이었다.

동생은 그의 마지막을 지키지 못한 것을 가슴아파했다. 그를 따뜻하게 감싸주지 못한 것, 두려움에 떨지 않도록 손을 꼭 잡아주지 못한 것, 안아 주거나 입맞춤해주지 못한 것, "사랑한다!"고 말하지 못한 것…. 그에게 하지 못한 말들이 천 갈래 만 갈래로 찢어져 귓전을 어지럽히고 가슴을 후벼 파는지 동생은 가끔씩 머리를 뒤흔들곤 했다.

다음날 다니던 교회에서 장례예배가 있었다. 우리와 외사촌 언니 내외가 가족의 전부였는데 교회 가득 이웃들이 모였다.

괴로운 인생길 가는 몸이
평안히 쉬일 곳 아주 없네
걱정과 고생이 어디는 없으리
돌아갈 내 고향 하늘나라

여러 사람에 들려 그가 교회 문을 나설 때 동생은 그를 붙들며 목 놓아 울었다. 어린 조카도 서럽게 따라 울고 교회를 가득 메우고 있던 사람들도 모두 함께 소리 내어 울었다. 한사코 길을 막아서는 동생을 뿌리치고 그는 황황히 떠나가고 있었다.

광야에 찬바람 불더라도
앞으로 남은 길 멀지 않네

산 너머 눈보라 재우쳐 불어도

돌아 갈 내 고향 하늘나라

흐느낌에 섞여 찬송가가 이어지고 검은 리무진을 따라 길게 열 지은 차들이 화장장으로 향하고 있었다. 날씨는 더할 나위 없이 화창했고 그가 생전에 농담처럼 "이 다음 나도 이곳에 묻히고 싶다."던 그래서 "내 아이들이 소풍 오듯 날 보러 왔으면 좋겠다."던 공원에는 화사한 꽃들이 다투듯 피어 있었다.

건물 한쪽 회당에서 간단한 기도를 바친 후 마지막 인사를 하였다. 교회에서부터 울며불며 따라 온 동생은 그를 붙잡느라 정신이 없었다. 안간힘을 쓰며 "이 사람 아직 가슴에 못 묻었어! 못 묻었단 말이야!" 자지러지듯 통곡을 하며 자꾸만 그에게 엎어지려 하였다. '가슴에 그를 묻다니, 서른 두 살짜리 가슴에 그를 묻다니….' 기가 막힌 노릇이었다. 얼마나 결사적이던지 실신 지경에 이른 동생은 여러 사람에 이끌려 나갔다. 건물 안쪽으로 들어가니 높은 천정의 건물 복도에 카

펫이 깔려 있었다. 길게 이어진 회랑을 지나자 용광로처럼 뜨거운 문 앞에 남편이 서 있었다.

　남편이 고른 대리석 함에 그는 고요히 쌓였다. 그의 식지 않은 사랑처럼 따뜻한 유골함을 가슴에 안고 남편은 울었다. 그곳에서 출발하여 그의 본가에 닿을 때까지 남편은 검은 가방을 한시도 내려놓지 않았다. 친형제처럼 어울려 동해 바다로, 땅 끝 보길도로 함께 뭉쳐 다니더니, 일 년 전 다녀간 이 길을 다시 되짚어 오게 한 까닭은 무엇인가? 여러 번 묻고 대답하는 사이 다섯 해가 흘렀다.

　셋이 떠난 자리에 차마 둘이서만 올 수가 없다던 동생이 지난 겨울에 다녀갔다. 그가 밑줄 긋고 공부하던 책으로 MBA를 마치고 공인 회계사를 준비 중이라고 했다. 감성지수가 유난히 높은 조카 녀석은 이따금 아빠를 찾다가 울곤 했다. 아마도 이곳에 오면 아빠를 만날 수 있지 않을까 나름대로 기대를 했었나 보다.

　"Life is short!" 녀석이 종종 쓰는 말이다. 처음엔 어찌나 놀랐는지 가슴이 다 무너져 내리는 줄 알았다.

불과 열 살짜리가 그 비밀을 어찌 알았을까? 단 한순간에 인생의 비밀을 깨칠 만큼 아리고 쓰리게 겪은 것이다. 그래서 사소한 일로 엄마가 속상해 하거나 급히 서둘러야 할 일에 주저한다 싶으면 여지없이 한마디 던지는 것이다.

"Life is short!"

가무잡잡한 피부에 씽끗 웃는 모습이 귀여운 내 조카. 누구 이 아이의 아빠가 되어 주실 분 없을까요? '세상에서 제일 좋은 사람'을 아빠로 치던 착한 소년이랍니다. 인생은 짧지만 사랑은 영원히 남는다는 것을 가르쳐 주실 분, 짧은 인생길에 서로에게 기쁨과 희망이 되어 주실 분, 꼭 찾고 싶습니다.

큰고모

옛날에 금잔디

할아버지

스카브로우 추억

아주 오래된 향나무

3장

옛날에
금잔디

큰고모

　초록원삼에 연지곤지 찍고 화려한 꾸밈족두리를 쓴 큰고모는 예뻤다. 사모관대를 한 신랑이 바깥마당에 깔린 수수깡을 밟고 안마당으로 들어섰다. 봄비가 내리고 있었다. 차양막 안에서 청실홍실 드리운 합환주를 바꿔 마시고 신랑 신부는 사진 속에 그대로 박혔다. 다음날 꽃단장했던 각시를 데리고 큰고모부는 서울로 떠났다. 큰고모 대신 30호쯤 되는 문인화가 대청마루에 걸렸다, 큰고모부가 그렸다는 수묵산수화였다. 몇 년 후 여름 방학, 하얀 바탕에 검은 물방울무늬 원피스를 입고 큰고모 딸이 왔는데 그렇게 예쁠 수가 없었다. 나보다 어린 유치원생이었는데 잠자리를 잡으려 몰두하는 모습과 물방울무늬 옷이 바로 어제인 듯 생생하다.

큰고모는 잘생긴 아들도 낳았다. 아들이 따로 설 만할 때 데리고 왔는데 그 아이는 창호지를 바른 미닫이문 앞에서 필통을 흔들어댔다. 무엇이든 다 눈앞에 대고 흔들었다. 안개 낀 듯 뿌연 시야는 잘 보이지 않는다고 했다. 무언가를 보려는 듯 흔드는 그 애는 잘생기고 늠름했다. 큰고모 다녀가고 몇 달 지나지 않아 장마철이었다. 내리꽂히는 장대비 속에서 울음소리가 들려왔다. 처음엔 작았으나, 주체할 수 없을 만큼 커진 그 소리는 빗속을 뚫고 들려왔다. 뒷동산에 올라가보니 아기를 업은 큰고모가 우리 집을 보며 울고 있었다. 보리수나무 앞에서 하염없이 울고 있었다.

몇 달 후 큰고모가 그 애를 데리고 다시 집으로 왔다. 그 애는 많이 아픈 듯했다. 어느 날 학교에서 돌아오니 그 애가 없었다. 큰고모는 한 마리뿐인 양을 몰고 개울가로 가곤 했다. 다저녁때 양을 뜯기고 돌아온 큰고모의 눈은 충혈되어 있었다. 집에서는 나 보고 따라

가라 했다. 안산에 가려 그늘진 풀밭은 짙다 못해 서늘해 보였다. 해 질 무렵이라 더 그랬는지도 모를 일이었다. 개울물도 조용히 흘러갔다. 개울가 푸른 언덕에 조그만 무덤 하나, 큰고모는 그 무덤 앞에서 울었다. 학교에서 돌아와 그 아이가 없던 그날을 나도 평생 잊지 못했다.

큰고모 집은 신길동 산동네였다. 하나 둘 들어오던 불빛이 어느새 쏟아져 별세계를 펼치는 밤, 낮과 다른 풍경이 사뭇 인상적이었다. 그곳에서 큰고모는 행복해 보였다. 안암골 호랑이로 불리던 큰고모부는 사업을 한다 했고, 초등학교 들어간 딸은 뛰어난 성적이 남달랐다. 화장품 방문 판매를 하면서도 여전히 아름다운 큰고모에게 무슨 걱정이 있으랴 싶었다.

큰고모는 아들 하나를 더 낳아 애지중지 하였다. 모든 것이 정상인데다 노산이었으니 금쪽 같이 여길 만도 했다. 큰딸을 낳고 근 십 년 만에 얻은 아이를 위해 무엇이든 하고 싶어 하던 두 분은 부산으로 갔다. 부산에는 초등학교 교사를 하던 둘째 고모가 있어 의지가 되었다. 푸른 꿈을 안고 두 분이 선택한 것은 교복 판매점이었다. 화려한 개점일, 날씨도 화창하니 좋았다. 목 좋은 로터리 가게로 연신 화환이 들어와 줄을 섰다. 그 꽃이 채 시들기도 전, 정부는 뉴스로 교복 자율화를 발표하였다. 문 열자 곧 폐업이었다. 모든 것이 수포로 돌아가고 빚만 잔뜩 쌓였다.

얼마 지나지 않아 큰고모는 암에 걸렸다. 교사였던 둘째 고모가 극진히 간호를 했지만 죽음을 막을 순 없었다. 큰고모부는 큰고모를 데리고 당진 본가로 들어갔다. 장례 절차를 의논하느라 둘째 고모도 따라갔다. 초등학교 5학년, 금쪽이가 종이비행기를 접어 날리는 것을 큰고모부가 멍하니 바라보고 있었다. 종갓집 딸답게 음식 솜씨 좋고, 할아버지 재직하던 학교에서 풍금을 치던 큰고모 이야기는 큰고모 딸의 영특함으로 증명되곤 했다.

추석 준비로 바쁠 때 친정 식구들이 모두 다녀갔다. 나중에 들으니 큰고모 장례에서 돌아오는 길이라 했다. 울며불며 삼우제가 열리는 당진으로 쫓아갔다. 큰고모 나이 47세였다. 그때는 몰랐다. 큰고모부 마저 54일 뒤에 돌아가실 줄은…. 심장마비였다.

물방울무늬로 기억되는 큰고모 딸은 남편과 함께 남매를 낳아 기르고 있다. 금쪽같이 귀한 아들도 착한 부인과 잘 지내고 있어 집안 행사에서 가끔 만나기도 한다. 해마다 이맘때가 되면 큰고모가 많이 생각난다. 큰고모에 대해 쓰려하니 아는 것이 별로 없었다. 그래도 몇 가지 기억은 또렷해 그것을 썼다.

옛날에 금잔디

할머니가 즐겨 부르던 노래를 벨소리로 정했다. "옛날에 금잔디 동산에 매기 같이 앉아서 놀던 곳 물레방아 소리 들린다, 매기 내 사랑하는 매기야…" 매기는 마가렛의 애칭으로 1841년 캐나다 토론토에서 태어났다. 첫 부임지로 고등학교에 발령받은 조지 존슨은 제자 매기를 사랑하여 매기가 졸업을 하자 곧 결혼을 했다. 하지만 1년도 채 못 되어 매기는 폐결핵으로 세상을 떠나게 된다. 매기 23세, 존슨 25세 때의 일이다.

조지 존슨은 수선화와 제비꽃이 피는 고향에 매기를 묻어주려고 미국을 떠나 캐나다로 향했다. 열차에 몸을 실었을 때 화물칸에는 그녀의 관이 실렸고 그의 품엔 그녀와의 사이에서 난 아기도 함께였다. 그런데 안겨 있던 아기가 소리 내어 우는 것이었다. 객차 안 다른 승객에게 불편을 끼칠까 달래 보았으나 아기는 계속 울어댔다. 그는 아기를 안고 일어서서 사과했다. "정말 죄송합니다, 여러분…. 이 아이가 엄마를 찾느라 울고 있는데 애 엄마는 지금 화물칸의 관 안에 누워있습니다. 엄마가 세상을 떠난 줄도 모르고 제 어미를 찾는 모양이니 조금만 이해해 주시기 바랍니다. 저는 제 아내를 고향 언덕에 묻어 주기 위해 가는 중입니다." 청아한 목소리의 앤 브린Ann Breen, 노래를 더 듣다간 눈물이 날 것 같아 얼른 전화를 받았다.

처녀 적 할머니는 전주에 있는 기전여학교를 다녔다. 2남 2녀의 맏이였던 할머니는 신여성을 지향하였고 동생들 응원에 힘입어 칠십 리 밖 기숙사에 입소했다. 당시 선교사들은 '한국에 필요한 여성, 교회에 필요한 여성'에 초점을 두고 교육하였다. 학생들은 빼앗긴 조국의 역사적 현실을 직시하며 강한 저항 정신을 기르게 되었는데 그 밑바탕에는 선교사들의 다함없는 헌신이 있었다. 개교 당시 트레머리에 쓰개치마를 쓰고 외출하던 소녀들은 쓰개치마로부터의 자유를 외치며 여성 해방의 길을 걸었다. 그러나 외형과는 달리 자신의 고장 전주에 대한 긍지와 애착이 강했는데 그것은 자연스레 국가의식과 연결되었다.

방학이 되자 할머니는 기숙사를 떠나 집에 오게 되었다. 무엇이 그리 급하고 걱정이 되었는지, 집에서는 미리 와 기다리던 할아버지를 따라 할머니를 곧장 경기도 여주로 시집보냈다. 종가에 시집 와서 할머니가 처음 한 일은 강습소를 여는 일이었다. 집 가까운 곳에 강습소를 짓고 첫아들이었던 우리 아버지를 낳아 기르면서도 할머니는 마을 아동과 부녀자들에게 한글을 가르쳤다. 1930년대는 일본 제국주의의 식량 수탈로 농민들 생활이 매우 어려웠다. 이때 문맹 퇴치 운동과 '민중 속으로'를 기치로 한 브나로드운동이 벌어졌다.

그때쯤 할머니는 둘째아들을 낳았다. 그리고 곧 그 아들을 잃었다. 어린 아들을 잃고 할머니는 두문불출, 강습소에 나가지 않았다. 그리고 4년마다 아이를 낳았는데 모두 6남매였다. 중앙대학교 설립자이자 초대 상공부장관이던 동창 임영신의 소식을 뉴스로 들으면서 할머니는 무슨 생각을 했을까? 그저 가끔 「매기의 추억」을 부르며 학창시절을 회상하는 것이 할머니의 유일한 낙이었다.

> 당신만을 사랑한다고 내가 처음 고백했을 때, 매기. 당신도 나만을 사랑한다고 말했지요. 하지만 바다는 생각보다 훨씬 넓었고, 매기. 우리 마음의 간격은 예측할 수가 없었어요.

할머니는 시집온 후 친정에 가지 않았다. 아니, 친정에 갈 수 없었다. 사십 초반 까지는 아이를 낳아 기르느라 이후엔 뇌졸중으로 쓰러져 일어날 수가 없었다. 어쩌다 할머니 동생들이 오면 집에는 비로소 활기가 돌았다. 할아버지는 물개강으로 낚시를 갔다. 잡아온 고기를 끓여 매운탕을 대접하기 위해서였다. 강가에 있는 커다란 버드나무 그늘이 낚시터였는데 하류 강바닥을 긁어 재첩을 잡는 이도 있었다. 그러나 그것도 잠시, 할아버지가 돌아가시자 북적거리던 집안은 다시금 적막해졌다.

1972년 여름, 방송에선 연일 물난리에 대해 보도했다. 물바다가 된 화면은 뚝섬이었고 이재민은 모두 경동초등학교에 있다했다. 전화가 안 되니 아버지를 비롯하여 서울 식구 모두 빗속에서 굶고 있는 듯 여겨졌다. 물에 막혔던 신작로가 뚫리자 할머니는 쌀자루를 들고 분연히 일어섰다. 생전 처음 보는 모습이었다. 분명 할머니와 버스를 타고 뚝섬 아버지 집에 갔을 텐데…. 할머니 일어서던 기억이 강해서일까, 다른 것은 전혀 생각나질 않는다. 그때 자신감을 얻었는지 할머니는 1년에 한 번 서울 나들이를 꿈꾸었다.

이듬해, 아버지 생일이 성탄절 이브쯤이었는데 여고 졸업을 앞두고 집에 있던 나를 앞세워 서울 가는 버스를 타려고 준비 중이었다. 할머니가 머리만 감아 빗으면 서울을 갈 수 있다는 생각에 할머니도 나도 기분이 좋았다. 내가 양동이에 물을 떠다 놓는 사이 할머니는 쪽진 머리를 풀어서 참빗으로 윤이 나게 빗었다. 그러고 보니 할머니 머리를 감겨 드리는 것도 처음이었다. 그리고 그 일이 일어났다. 지금까지 수백, 수천 번을 물어도 도무지 알 수가 없었다. 왜, 가마솥에 데운 물 온도를 확인 안했는지 모를 일이었다. 아버지 생일을 앞두고 할머니는 그렇게 돌아가셨다. 이별은 느닷없고 충격적이어서 평생을 죄책감에 시달렸다.

할머니를 생각하면 기억나는 모든 것이 나를 힘들게 했다. 하지만 나 역시 할머니를 힘들게 하는 그런 손녀가 아니었을까…. 지나 놓고 보니 삶이란 그리 녹녹치도 않고 내 맘대로 돼주는 것도 아니어서 최선을 다해 하루하루 살아가는 것이 우리들 몫이었다. 할머니 생전 즐겨 부르던 노래를 택해 벨소리로 정하기가 왜 그리 어려웠는지 이젠 좀 알 것 같다. 할머니 일생이 생각나는 노래…. 그것을 극복하고 하루에도 몇 번씩 옛날에 금잔디를 듣고 있는 요즘 나 또한 그 노래를 무척이나 좋아했음을 깨닫는다. 마침 고모에게서 전화가 온다. 얼마 전 온가족이 함께 부르던 「매기의 추억」을 떠올린다.

제비꽃 향기 숲속에서 풍겨오고, 매기.

그 향기 바람에 실려 부드럽게 다가왔어요.

황금빛 수선화는 줄지어 환하게 빛나고, 매기.

초원 위에선 나뭇잎들이 춤추고 있었지요.

이젠 할머니를 보내주어야겠다, 여태껏 잡고 있던 손을 놓아야겠다.

훨훨, 할머니가 모든 것을 털고 홀가분히 날아갔으면 좋겠다!

할아버지

 바깥마당에서 부르는 소리가 나자 나는 몸을 옹송그려 더 깊이 숨어들었다. 두어 번 더 내 이름을 부른 뒤 할아버지는 헛기침을 하며 안으로 들어갔다. 무엇에 토라졌는지, 움푹 파인 소나무 아래 들앉았던 내겐 그것이 할아버지에 대한 첫 기억이었다. 빤히 보이는 언덕에서 묵묵부답인 다섯 살짜리 손녀를 못 본 척 돌아서던 우리 할아버지….

 초등학교를 짓고 교장직을 퇴임한 할아버지는 대청마루 한쪽에 한약방을 차렸다. 오래전부터 한약장에 약초를 썰어 넣고 한지에 싼 한약재를 천장에 매달아 놓았는데 이제야 본업이 시작된 셈이었다. 동네 사람들은 자주 와 침 맞고 약도 지어갔지만 할머니 병은 영 못 고칠 성 싶었다. 사십 초반에 할머니가 중풍으로 쓰러지자 카투사로 군대에 가 있던 아버지는 큰 돌로 발을 내리쳐 상이군인으로 제대하였다. 한국전쟁이 끝날 무렵이었다. 아버지는 돌아와 할머니를 간병하였으나 병세는 나아지지 않았다. 전쟁 중 우리 삶의 변화는 감히 가늠할 수조차 없는 것이었다.

친구였던 할아버지와 외할아버지는 진천 트미실에서 만나 사돈 맺기를 약조했다. 얼마 후 고등학교를 졸업하고 수만 놓던 어머니는 동갑인 아버지와 결혼하였다. 정말이지 그렇게 예쁠 수가 없더란다. 미인박명이었을까…. 나를 낳고 시름시름 앓던 어머니는 네 살 된 나를 업고 아버지와 외가에 갔다. 누울 곳 없는 종갓집을 떠나 친정에 갔는데 이듬해 오월, 돌아가시고 말았다. 외가에 있던 나는 낯설어진 본가로 다시 돌아왔다. 기억은 못하지만 모든 것을 알고 있던 나는 입을 다물고 말을 하지 않았다.

6학년 담임이었던 아버지는 스물아홉 살이었다. 아

버지가 자전거에 나를 태우고 가면 6학년 언니들이 돌봐주었다고 했다. 문학회에서 만난 최복희 님이 아버지 제자였는데 그때 얘기를 해주어 알게 되었다. 나도 잊은 내 얘기를 남으로부터 듣는 것보다 흥미로운 건 없었다. 기억 못하는 나를 반색하던 그분은 학교뿐 아니라 수필이나 인생도 대 선배였다. 자신이 쓴 책『새들이 찾아오는 집』을 보내 아버지로 하여금 제자 양성의 보람을 느끼게 하였다.

 자전거에 매달려 학교에 가는 것도 날이 추워 그만두었다. 할아버지는 갈색 점퍼를 입고 있었는데 목과 손목에 진갈색 조리개가 달려있었다. 까만 고양이를 점퍼 안에 넣고 지퍼를 올리면 고양이는 보이지 않았다. 그러다 지퍼를 내리면 그곳으로 고개를 내밀던 고양이…. 모처럼 웃는 나를 보고 할아버지는 그 놀이를 계속했다. 보이지 않던 고양이가 보이는 것이 나는 신기했다. 보이지 않는다고 영원히 사라지는 것은 아니야…. 보이지는 않지만 어머니도 어디엔가 존재하리라는 생각에 적이 안심이 되었다.

지대가 높은 우리 집은 우물 같은 건 팔 엄두도 못 냈다. 공동 우물이 있는 곳까지 삼백 여 미터, 부엌에 묻은 물 항아리를 채우려면 물지게로 족히 예닐곱 번은 져 날라야했다. 물을 지고 오기엔 만만치 않은 오르막이었다. 어렵사리 우물을 팠지만 좁고 깊어 까만 물속이 아득했다. 쟁반만한 물속에 두레박을 던지면 한참만에야 물이 올라왔다. 반쯤 담긴 물은 맑고 시원했다. 바위틈에서 솟는다더니 기막힌 맛이었다. 할아버지는 우물에서 나온 큰 돌에 영천靈泉이라 새겨 우물가에 세웠다. 신기한 약효가 있는 샘이라니, 그럴듯했다.

　할아버지가 중절모에 두루마기를 입고 출타할 때 참 멋있었다. 가파른 오르막을 단숨에 오른 옷자락이 언덕 너머로 나부끼다 하얗게 사라지는 것도 좋았고 돌아와 내게 천자문을 가르치는 것도 좋았다. 천 년이고 만 년이고 할아버지는 그냥 그 자리에 있을 줄로만 알았었다. 그래서 할아버지가 하는 모든 일은 예삿일이었다. 양끝이 치켜 올라간 콧수염을 다듬는 것도, 도포 허리에 가는 세조대細條帶를 묶고 제사 지내는 것도 늘 있는 일상이었다.

유난히 춥던 초등학교 입학식 날, 살짝 얼어 바삭거리는 운동장엔 많은 사람이 서 있었다. 아버지도 1학년을 맡았지만 나는 다른 선생님을 따라 교실에 들어갔다. 그 무렵 새어머니와 재혼한 아버지는 예쁜 남동생을 낳았다. 밴드부를 지휘하던 아버지는 내게 실로폰을 가르쳤는데 다음 목표는 풍금이었다. 풍금을 다 배우기도 전, 4학년 봄방학 때 아버지는 서울로 전근을 갔다. 아버지 손끝에서 나오던 음악은 일시에 사라져 버렸다. 철필로 쓴 등사 악보도, 행진곡에 맞춰 교실에 들어가는 것도 끝이었다. 아버지 따라 할아버지도 서울 나들이가 잦아졌는데 보고 싶은 손자를 한번이라도 더 보려 했기 때문이었다.

내가 달려갔을 때, 윗말 우물가에 세운 앰뷸런스에서 들것에 실려 집으로 올라오던 할아버지는 놀랄 만치 작아져 있었다. 하얀 이불에 덮인 할아버지는 너무 아파 의식조차 없어 보였다. 안방 아랫목에 누운 할아버지를 중심으로 우리들은 빙 둘러앉았다. 위암, 6개월은 더 살 거라는 말에 수술하였지만 손도 못 대보고 봉합하였다는 것이다. 아버지는 자책하며 울었다. 혼수상태인 할아버지는 가끔 깨어나 물을 찾았다. 아버지는 나에게 물을 떠오라고 시켰다. 중학생이 된 나는 두레박질을 하여 물 한 대접을 떠 왔다. 서너 번 반복하니 싫었다. 다른 식구들도 많은데 나만 시키는 것이 불만이었다.

 사나흘 후 할아버지는 돌아가시고 말았다. 환갑이 지난 지 얼마 안 되어서였다. 제일 서럽게 운 것은 동생이었다. 일곱 살짜리가 뭘 안다고 저리 섧게 우나, 그러면서 다시 울음바다가 되었다. 돌아가시리라곤 꿈에도 생각 못한 나는 꺽꺽거리며 울지도 못했다. 마치 내가 물 떠 오는 것을 싫어해서 할아버지가 돌아가신 것만 같았다. 평생 물을 떠와도 좋으니 우리 할아버지가 살아나기만 빌었다. 신기한 샘물을 마시고 다시 살아났으면 했다.

스카브로우 추억

아버지가 좋아한 노래는 「스카브로우 추억」이었다. 임파선 암 투병 중이던 아버지는 5년간 우리 집에 있었다. 항암제를 맞고 열이 나면 응급실로 달려가기를 반복할 때였다. 병원을 오가며 들을 음악이 필요해 물어보니 「스카브로우 추억」이라 했다. 아버지 마음속 노래를 알게 되다니 횡재한 기분이었다. 그러고 보니 아버지 음반 중 사이먼과 가펑클이 있었는데 열여섯 살 때부터 노래한 그들은 거듭 들어도 질리지 않았다. 반복해 들을 수 있는 CD를 사려고 했지만 없어서 연주곡을 듣고 다녔는데 지금도 아쉬울 뿐이다. 그 노래야말로 가사가 중요한데 말이다.

그 노래를 처음 듣게 된 것은 박인희가 부른 「스카브로우 추억」을 통해서였다. 박인희가 노래한 번안 가사는 이러했다. "추억 속의 스카브로우여 나 언제나 돌아가리/ 내 사랑이 살고 있는 가고 싶은 나의 고향/ 추억 속의 스카브로우여 나 언제나 찾아가리/ 내 사랑이 기다리는 아름다운 나의 고향/(하략)" 박인희의 청아한 목소리도 좋았지만 사이먼과 가펑클 노래를 많이 들었다. "파슬리, 세이지, 로즈메리와 타임…" 반복되는 후렴구가 슬프면서도 아련했다. 너무나 고향을 그리워하는데 왠지 고향에 못 갈 것 같은 그런 느낌을 주었다.

「스카브로우 추억」은 영화 『졸업』에서 배경음악으로 사용되면서 널리 알려졌다. 더스틴 호프만과 캐서린 로스가 열연한 영화는 그야말로 명작이다. 남자주인공 벤은 동부지역 명문대학에서 수석 졸업한 후 캘리포니아로 돌아온다. 고향으로 돌아와 보니 집안은 아버지 사업 파트너들로 북적인다. 앞날을 모르는 벤은 그를 축하하러 온 어른들이 불편하다. 그는 미래를 꿈꾸는 21살 젊은이일 뿐이다. 그의 부모는 졸업 선물로 빨간 스포츠카를 사준다. 그것은 출세의 상징과도 같은 거였다. 이런 중 벤은 버클리 미대생 일레인을 만나 서로에게 끌린다. 그러나 기성세대의 반대와 여러 가지 이유로 둘은 헤어진다. 일레인을 되찾으려는 벤의 노력과 함께 끊임없이 흘러나오는 곡이 「스카브로우 추억」이다.

벤은 수족관 앞에 엎드려 담배를 피우고 있다. 피우던 담배로 조금 전 피운 담배꽁초 두 개를 밀어낸다. 그러다 붉은 스포츠카를 타고 일레인 집 앞으로 가 먼 곳에서 그녀를 지켜본다. 여주인공 일레인은 대학이 있는 버클리로 떠나기 위해 짐을 싣고 있다. 그녀는 아버지 차를 타고 떠난다. 일레인의 이름을 종이 가득 써놓고 있던 벤은 그녀를 따라 버클리로 간다. 기성세대가 준 출세의 상징 빨간 스포츠카는 오로지 사랑을 위해 달린다. 벤이 탄 차가 길고 긴 현수교를 건너 일레인에게 향할 때도 「스카브로우 추억」은 흐른다.

버클리 근처에서 민박을 하며 일레인을 따라다니는 벤, 메시지만 남기고 떠나버리는 일레인. 부모 강요로 결혼하는 일레인을 찾아간 벤은 결혼식장에서 신부의 손을 잡고 도망친다. 때마침 도착한 버스, 맨 뒷자리에 앉은 그들은 호쾌하게 웃는다. 버스 안의 노인들이 일제히 그들을 돌아본다. 그들의 무표정한 얼굴은 모든 것을 알고 모든 것을 포기한 얼굴이다. 벤과 일레인의 얼굴에서도 웃음기가 걷히고 표정이 점차 굳어진다.

　스카브로우는 영국 북해 연안 행락지로 현지 발음은 '스카보로'다. 중세 말 요크셔 해변 스카보로시장은 성모승천 축일인 8월 15일 시작해 45일간 열렸다. 영국은 물론 유럽 상인들이 모여드는 큰 시장이었지만 항구가 쇠퇴하면서 1788년을 끝으로 문을 닫았다.

　영국 민요 「스카보로 페어」는 스카보로 시장에서 옛 연인을 만나거든 그녀에게 안부를 전해 달라는 내용이다. 가사 속 남자는 바늘땀도 솔기도 없는 삼베 셔츠를 여인에게 만들어 달라고 한다. 물도 없고 비도 내리지 않는 마른 우물에서 그것을 빨라고 한다. 그리고 아담이 태어난 후로 꽃이 핀 적 없는 가시나무에서 그것을 말리라고 한다. 이렇듯 불가능한 남자의 요구에

여자는 답한다. 바닷물과 백사장 사이 1,200평 땅을 찾아내라고. 그 땅을 양의 뿔로 경작한 후 후추 열매를 뿌리라고. 8미터쯤 되는 후추나무를 가죽 낫으로 베어 히스로 묶으라고. 그걸 다 해내면 바느질 자국 없는 삼베 셔츠를 주겠다고.

파슬리, 세이지, 로즈메리와 타임…. 노래 속 4가지 허브는 지금도 사거나 팔 수 있는 것들이다. 언제나 그렇듯 가장 중요한 것은 가장 흔한 것 속에 들어있다. 모든 것을 치유하는 온화함과 강함, 정절과 용기는 오랜 세월 사랑을 도와왔다. 불가능한 일을 해내는 연인을 4종 허브가 돕고 격려하는 것이다. 이 모든 것을 해낸 후 서로의 곁에 다시 돌아오기를 바라는 것이다.

이제 스카보로 시장은 더 이상 서지 않는다고 한다. 다시 돌아갈 수 없는 행복한 시절을 상징한다 해도 이 노래에 담긴 것은 진정한 사랑이다. 그럼에도 불구하고 당신을 사랑하겠다, 고백하는 것이다. 「스카브로우 추억」은 불가능한 상황조차 수용하는 사랑의 힘을 노래한다. 그리하여 모든 사람이 닿고자 하는 사랑의 궁

극에 대해 말하는 것이다.

아버지가 왜 「스카브로우 추억」을 좋아했는지 조금은 알 것 같다. 젊은 시절을 포함한 모든 날들과 아버지에게 온 모든 것들을 사랑하고 또 받아들인 것이다.

아주 오래된 향나무

　향나무가 있었다. 이백 살인지 삼백 살인지 나이를 알 수 없는, 먼 조상 넋이 깃들어 가족과 다름없었다. 가지를 잘라 분향하며 종가의 안위를 기원하던, 사당 오르막에 붙박여 서있었다. 명절이면 제관들이 제수를 들고 나아가 그 앞에서 사당을 향해 꺾어져 올라갔다. 늦은 밤, 아버지가 올빼미 새끼를 보여준 것도 그 나무 등걸이었다. 제비꽃을 보러 가면 나를 지켜보는 눈길이 등 뒤로 느껴지곤 했다. 지혜를 터득한 듯 끝이 둥글둥글, 부드러운 비늘잎이던 그 나무는 우리 집을 지켜주는 수호신처럼 든든했다.

　어느 해 봄 아버지는 말했다. "사람의 마음도 가지

를 쳐 주어야 한단다. 그래야 마음이 맑아져서 사물을 온전히 볼 수 있는 거야." 그 말이 아직도 귓가에 남아 있다. 옳은지 그른지 알 수 없을 때 한 발 물러서서 바라보던 아버지를 떠올렸다. 비틀려 올라간 밑둥치와 원 그리듯 퍼져 나간 나뭇가지. 잎사귀마저 찬찬히 바라보다 톡, 톡, 잘라내던 아버지. 아버지는 마음속 소망을 그렇게 잘라낸 것은 아니었을까. 곁가지라며 잘라낸 그 속에 아버지가 참으로 하고 싶은 어떤 일, 이루고 싶던 꿈조차 아프게 잘려 있음을 본다.

우리 집이 궁핍하던 어느 때, 아버지는 서울로 전근을 가고 할머니와 종가에 있을 때였다. 학교에서 돌아오니 한 무리의 사람들이 모여 있었다. 무슨 일인가 가 보았더니 아연실색, 기막힌 광경이 벌어져 있었다. 향나무를 뿌리째 뽑아내서는 새끼줄로 꽁꽁 묶어 놓았던 것이다. 할머니는 향나무를 팔았다고 하였다. 깜짝 놀란 나는 받은 돈을 다시 내어 주라 하였다. 완고한 할머니는 꿈쩍도 하지 않았다. 그새 장정들이 시뻘건 구덩이에서 거대한 나무를 끌어내고 있었다. 우리 아버지

알면 큰 일 날 터이니 그만두라 하였다. 그들은 들은 척
도 하지 않았다. 나는 온몸으로 막아섰다. 잠시 주춤하
던 그들은 할머니가 돈을 내놓을 기미가 없자 쓰러져
있는 향나무를 여럿이 힘껏 끌고 갔다. 나는 울면서 말
리면서 따라갔다. 아랫말 차 세워 둔 곳까지 따라가며
끌려가는 향나무를 잡으려 하였다.

  며칠 후 제사에 온 아버지에게 그 나무를 다시 찾아
오라 하였다. 당연히 아버지는 그럴 분이었다. 할머니
가 잠시 판단이 흐려져서 저지른 일이지만 다시 그 자
리에 심어 놓으면 그냥 잊을 수도 있을 것이었다. 아버
지는 조용히 타일렀다. "나무는 또 심으면 된단다." 아
버지의 착 가라앉은 목소리가 더는 아무 말도 못하게
내 입을 막았다.

  나무가 파여 나간 자리를 메우고 아버지는 서울 집
으로 올라갔다. 그러나 내 마음속 구덩이는 메워지지
않았다. 그 자리를 외면하기를 며칠, 아버지는 나보다
작은 향나무를 그곳에 심었다. 크고 우람한 나무가 하
늘을 쓰다듬으며 그림처럼 서 있던 자리, 그 자리에 심

겨진 나무는 너무 여리고 어설퍼서 없느니만 못하였다. 그저 예전의 향나무를 추억하게 하는 손거스러미 같은 존재였다.

    그 이듬해 할머니가 돌아가시고 나마저 서울 집으로 올라왔다. 어쩌다 사당 제사 때 내려가면 그 어리고 못생긴 나무가 조금씩 자라는 것이 보였다. 아버지는 재실과 사당 언저리에 자그마한 향나무를 여러 그루 심었다. 마치 그 향나무를 잊으려는 듯이, 그러나 결코 못 잊겠다는 듯이.

    할머니가 재실에 있을 때, 아버지는 잘 마른 향나무 가지를 깎아 향합에 담아 두었었다. 붉은빛이 도는 보라색 속살은 잘게 깎이는 동안 집안 가득 향내를 퍼트렸다. 제사 때 향을 집어 향로에 태우면 더 강한 향이 연기와 함께 번졌다. 아버지는 향을 피우던 그때를 그리워하는 듯했다. 그리고 비밀인 양 나직이 매향 이야기를 했다. 행여 향이 들을세라 작은 소리로 말하던 아버지는 매향을 향한 굳은 믿음을 지니고 있었다.

    매향은 내세의 복을 빌기 위해 향나무를 땅에 묻는

행사이다. 그 향은 꽃보다 진하며 흠향할 부처는 미래에 올 미륵불이었다. 수백 년 전, 사람들은 전국의 강과 바다가 만나는 해안에 향을 묻고 비를 세웠다. 전국에서 매향비가 발견되었지만 지금까지 매향을 찾은 이는 없다 하였다. 나는 오래오래, 매향이 침향 될 때까지 땅속에 묻혀 있기를 바랐다. 그리하여 꽃 향 뒤덮인 이 땅에서 미륵불과 사람들이 마침내 만나기를 빌었다.

아버지가 꿈에도 그리던 종가로 다시 들어가기까지 삼십여 년의 세월이 흘렀다. 그 어린 향나무는 나보다 훨씬 큰 나무가 되었고 주변나무들도 꼴이 나기 시작했다. 그래도 예전 그 나무를 따라잡기에는 다 합쳐도 안 될 성 싶다. 어린 나무는 애티를 벗지 못한 채, 나이 들어도 철이 나지 않는 내 모습처럼 산언덕 중간에 키를 맞추고 서 있다. 사십여 년 동안 겨우 저 정도 자랐다면 오래 된 우리 향나무는 삼백 살도 넘었지 싶다.

어쩌면 삼백 년 넘은 종가와 사당과 향나무가 모두 동갑인지도 모르겠다.

이태리 가구와 종소리

법정 스님

허 조르디

세상의 모든 음악

노르망디 바랑주빌 성 발레리성당

4장

법정 스님

이태리 가구와 종소리

이태리 가구에 관심을 두게 된 것은 크리스털 잔 때문이었다. 보관 할 곳을 찾다 보니 그릇장을 보게 된 것이고 그릇장을 찾다 이태리 가구에 꽂힌 것이다. 처음 들인 이태리 가구는 유리로 된 삼단 그릇장이었다. 가슴께 높이에 네 자 남짓, 속이 깊어 많은 잔과 컵을 넣을 수 있었다. 모네의 수련을 입힌 커피잔은 맨 위 칸, 가운데는 와인과 브랜디잔, 밑에는 컵과 소주잔 등이었다. 홈을 파 결합한 가구는 튼튼하고 오래된 양 매끈했다. 아래쪽 서랍에는 둥근 고리가 달렸고 양쪽 유리문을 채우거나 열 수 있는 열쇠가 있었다.

우리나라에서 손으로 깎은 크리스털 잔은 맑고 투

명한 대신 묵직하고 비쌌다. 백화점 할인 판매를 기다리는 것도 그 때문이었다. 잔을 부딪칠 때 나는 종소리, 높고도 맑은 그 소리에 반하면 도리가 없어진다. 그 소리를 듣기 위해 크리스털 잔을 모으는 것이다. 와인잔, 브랜디잔, 샴페인잔, 맥주잔, 소주잔, 언더 럭스, 얼음통, 나중엔 작은 꽃을 꽂는 화병까지….

반짝이며 빛을 내는 크리스털은 천연 수정이 아닌 가공된 유리이다. 유리의 굴절률을 높여 더 반짝이고 더 투명하게 만든 것이다. 묵직한 크리스털을 파내면서 세련된 디자인에 커팅기술이 접목되었다. 크리스털이 그릇장을 채우면서 종소리 나는 날도 많아졌다. 너무 세게 부딪쳐 깨질 때도 있었다. 그러면 또 할인 판매를 기다리거나 살짝 이가 나간 것은 돌려 깎았는데 유상 수리를 두어 번 하면 잔이 짧아졌다.

시집올 때 책상을 고집했지만 이사 몇 번에 오간 데가 없었다. 책상의 행방보다 더 궁금한 것은 내 마음이다. 불과 몇 년 후 이렇게 변할 줄 몰랐다. 아이들 대학 간 후에는 학부모 단짝 패 대신 성당 교우들이 우리 집을 다녀갔다. 모든 잔이 가장 신났을 때였는데 특히 와인잔이 자주 호출되었다. 사랑하는 것은 결심이다. 새로운 결심을 했던 그때가 우리 삶의 전성기였다. 종교 가정 사회 등등, 세상사에 열심을 낼 때였다. 모자란 것을 채우느라 바쁜 시절이었고 덜어내기보다는 무엇이든 더해야 한다고 생각했다.

그 무렵, 현관에서 보이는 콘솔을 서랍 아래까지 수납이 되는 것으로 바꿨다. 틈만 나면 가구점에 가 비싸서 못 사거나 집이 좁아 살 수 없는 것들을 눈으로라도 즐기곤 했다. 그러던 어느 날 꼭 갖고 싶은 물건이 들어왔는데 네 자쯤 되는 책장이었다. 작고 기능적이지만 일반 책장 몇 배 값인 그 물건은 세 번을 봐도 여전히 사고 싶었다. 그것이 있으면 방도 정리되고 왠지 더 행복할 것만 같았다.

갖고픈 것을 갖지 못하고 그냥 오는 길은 서글펐다, 내 마음을 다 안다는 듯 그날따라 비가 내렸다. 부슬부슬 내리는 봄비를 와이퍼로 닦으며 주차를 하는데, 세상에나! 꿈에도 그리던 그 책장이 이사 쓰레기더미 위에 비스듬히 얹혀 비를 맞고 있는 게 아닌가! 다시 봐도 그 책장, 가구점에서 본 그 물건이 틀림없었다. 비에 젖은 주홍빛이 밝은 황금처럼 빛나던 그것은 흠이 있었지만 쓰는 데는 아무 지장 없어 보였다. 경비 아저씨께 물으니 버려진 게 확실했다. 들여놓고 물기를 닦자 우리 집 가구들과 똑같았다. 성경책이며 성가집, 중소기업에서 나온 두꺼운 책, 족보 등을 꽂았는데 그이 서재에 꼭 맞아 그렇게 예쁠 수가 없었다.

그날 이후 다시는 욕망에 사로잡히지 않았다. 내가 그리도 원하고 갖고 싶어 하던 것을 누군가 버렸다는 것은 충격이었다. 아무리 귀해 보여도 쓰임새가 다한 사람에겐 한낱 쓰레기에 지나지 않는다는 사실을 직시했다고나 할까. 고질이었던 '사는 병'에서 자유로워지니 비로소 사물이 온전히 보였다.

지금 있는 것은 언젠가 있었던 것이오.
지금 생긴 것은 언젠가 있었던 일이다.
하늘 아래 새것이 있을 리 없다.

"보아라, 여기 새로운 것이 있구나!"

하더라도 믿지 마라.

그런 일은 우리가 나기 오래전에

이미 있었던 일이다.

— 전도서 1장 9~10절

    우리 집 이태리 가구는 그릇장과 콘솔, 그리고 책장이다. 콘솔은 거실에서 약을 수납하고 책장에는 남편이 좋아하는 책들이 꽂혀 있다. 가끔 아래쪽 서랍을 열고, 향이며 족자 등을 꺼냈다가 제사가 끝나면 다시 넣곤 한다. 크리스털 그릇장을 보면 그 시절이 떠올라 빙그레 웃게 된다. 손님이 북적이고 열심히 일하던 그때 문득 울리던 종소리, 그 맑은 소리를 들으면 기쁨과 환희가 느껴졌다. 그 소리야말로 우리 삶을 고양하고 더 높은 세계로 우리를 이끌었다. 시계보다 시간이 더 중요함을 깨닫게도 하였다.

법정 스님

　법정 수필집 『영혼의 모음』 책날개를 드밀며 "아버지 닮았어요!" 했다. 흘깃 본 아버지 "웬걸…" 한다. 그러면서 법정 스님 만난 이야기를 해 주었다. 할머니 돌아가시고 방황하던 아버지는 종로서적에 들렀다. 비가 와서인지 책방엔 아버지와 스님 한분뿐이었다. 그분도 책을 뒤적이고 아버지도 책을 고르면서 4시간 여 지났다. 이쪽저쪽에서 시간을 함께 한 스님이 나갈 기색이 보이자 아버지는 달려가 가르침을 청했다. 그분이 바로 법정 스님이었다. 법정은 "제가 뭘 아나요." 하면서 서옹 스님에게 가 보라며 추천서를 써주었다.

　서옹은 1912년 충남 논산에서 태어났다. 7세 때 부친을 여의고 양정고보에 입학하던 해 모친마저 돌아가셨다. 진리와 인생에 대해 고민하다 불교에 관심을 갖고 출가하였다. 중국의 임제 선사는 '즉시현금卽時現今 갱무시절更無時節'이란 말을 남겼다. '바로 지금이지 다시 시절은 없다'는 말이다. 서옹 스님은 임제의 글을 쉽게 풀어 보급했으며 자신의 일을 손수하고 찾아오는 이를 만나 가르침을 주었다.

스님은 "종교적 생명력이란 허무한 인간을 극복하고 초월하여 자기 밑바닥에 있는 참다운 인간으로 되돌아가는 것"이라 했다. 서옹 스님에게 계를 받은 아버지는 삼각산 무문관에 들었다. 밖에서 자물쇠로 잠그고, 밥 한 끼 받아먹으며 용맹 정진한 것이다. 집에는 아직 어린 동생들과 어머니가 있었다. 가족을 버리고 떠날 수 없었던 아버지는 며칠 후 다시 집으로 돌아왔다. 모든 것을 그러안고 수행은 계속되었다.

아, 이토록 네가 나를 흔들고 있는 까닭은 어디에 있는 것일까.
그건 네 영혼이 너무도 아름답고 착하고

조금은 슬프기 때문일까.

사막이 아름다운 건

어디엔가 샘물이 고여 있어서 그렇듯이.

네 소중한 장미와 고삐가 없는 양에게 안부를 전해 다오.

너는 항시 나와 함께 있다.

— 법정, 「어린왕자에게 보내는 편지」 부분

「어린 왕자에게 보내는 편지」로 시작하는 법정 수필집 『영혼의 모음』은 나를 사로잡기에 충분했다. 어린왕자를 좋아하는 내게 법정 스님은 아버지 다음이었다. 아니, 아버지와 같았던가? 뚝섬에 살던 나는 영동교를 건너 봉은사 다래헌茶來軒으로 갔다. 무작정 갔다.

스님은 시든 연잎을 건지고 있었다. 뜰채와 연잎에 몰두해 있는 스님을 멀리 지나쳐 산 쪽으로 갔다. 그러나 외길, 돌아오는 길에 다시 그 앞을 지나야만 했다. 막 세수를 마친 스님이 대야물을 들어 마당가 파초를 향해 사정없이 끼얹는 것을 보았다. 그것으로 충분했다. 살면서 가끔 그 물을 맞고 깨어나는 느낌이었다.

다시 다래헌, 물대야 사건 후 1년만이었다. 마루엔 난분 몇 개가 있었다. 「무소유」에 나오는 난인 듯했다. 법정은 불일암에 있다며 상좌승 원정이 차나 마시고 가라 했다. 친구와 들어선 방엔 "차나 한 잔 마시고 가게"라고 법정이 써 붙였는데 당호에 딱 맞는 말이었다.

그 아래 놓인 다기로 차를 우려내어 우리에게 주었다. 법정 얘기라면서 녹차 맛은 인생의 맛과 닮았다고 했다. 그 말을 들어서일까. 첫 잔은 연하고 두 번째 잔은 진하며 마지막 잔은 떫었다. 그날 마셨던 녹차 맛은 잊히지 않았는데 살수록 인생과 비슷했다.

배까지 먹고 일어서려던 차에 스님이 윗방 미닫이를 열고 이불 한 채를 꺼냈다. '일일부작이면 일일불식'이라, 배도 먹었으니 일을 하라는 것이었다. 이불을 시치면서 하루 일하지 않으면 하루 먹지 않는다는 진리를 뼛속 깊이 새겼다.

법정 스님은 다래헌으로 돌아오지 않았다. 그 대신

부산 중앙성당에 가면 그를 만날 수 있었다. 부산에 있는 고모에게 가 있던 나는 용두산공원 아래 성당으로 갔다. 그의 강연을 듣고자 많은 사람들이 모여들었다. 입추의 여지없이 사람들이 들어차자 결국 성당 문을 걸어 잠그게 되었다.

문밖에 있는 사람들은 문을 두드리며 아우성을 쳐댔다. 금방이라도 문을 부수고 와자하니 들어올 기세였다. 그 모습을 보던 스님이 한마디 했다. "우리 모두, 문호를 개방합시다!" 우레와 같은 박수와 환호, 동시에 성당 문이 활짝 열렸다. 주위가 조용해지자 강연이 시작되었다. 열린 문으로 초가을 바람이 드나들었다.

그날 강연 내용은 하나도 기억나지 않는데 열어젖힌 문과 한가로운 바람이 생각나는 건 무슨 까닭일까. 살다보면 같은 하늘아래 함께 있다는 것만으로도 위로가 되는 사람이 있다. 법정 스님이 그랬다. 한번뿐인 인생을 잘 살아낸 두 분은 1932년생 동갑이었다.

허 조르디

늦은 밤 리스본 공항에 내려 대기하고 있는 전세버스에 올랐다. 허 조르디라 했던가? 33인의 여행객보다 더 지쳐 보이는 가이드가 허름한 차림으로 나타났다. 웅얼웅얼 들리지 않는 목소리와 졸린 눈, 최악이었다. 숙소에 도착한 우리는 낙심천만, 각자의 방으로 숨어들었다. 반년을 준비한 인문학 기행이었지만 아무것도 기대할 수 없었다.

다음 날 아침, 버스에 오른 그는 말쑥한 신사로 변해 있었다. 종일 걸어도 반짝거릴 것 같은 갈색 구두가 모든 걱정을 날려 보냈다. "어젯밤 제 모습을 보고 뜬 눈으로 새운 분이 많을 겁니다!" 경쾌한 그의 너스레에 우리 모두 손뼉을 쳤다. 알고 보니 그는 가이드들이 인정하는 천재였다. 포르투갈은 물론 스페인, 그중 마드리드 안내는 따라올 자가 없다 하였다. 해박한 지식과 지치지 않는 열정, 무엇보다 여행자 기질을 타고난 진짜였던 것이다. 그는 눈을 반쯤 감고 기나긴 역사를 읊조리다 사이사이 웃긴 얘기를 곁들였는데 얼마나 재밌었는지 십여 년이 지난 지금도 가끔 혼자서 웃곤 한다.

우리나라 장관급 부부가 수행원들과 조르디를 동반하고 아프리카 순방길에 올랐다. 느지막이 숙소에 묵은 그들은 다음날 있을 환영식을 위해 준비 중이었다. 장관 부인은 남편의 와이셔츠를 빨아 베란다에 널었다. 그 옷 필요한 사람이 그곳에도 있었던지 옷을 그만 도둑맞고 말았다. 온 동네를 돌아 다녀봤지만, 와이셔츠를 파는 곳은 없었다. 옷가게엔 운동복 그것도 온통 초록색뿐이었다. 정장을 입을 수 없게 된 장관은 그중 하나를 골랐다. 부인도 마찬가지였다. 수행원들과 조르디도 하는 수 없이 같은 모양을 선택했다.

그들이 탄 경비행기는 아프리카 초원 위를 날았다.

사방은 온통 초록, 그들이 입은 옷도 초록색이었다. 얼마 안 가 호텔이 보였다. 파란 잔디밭에 하얀 테이블, 하얀 옷을 입은 사람들이 도열해 있었다. 비행기에서 내린 사람들은 환영식장을 향해 엄숙히 걸어 들어갔다. 장관 내외와 수행원들, 그리고 허 조르디 순이었다. 그가 이야기를 하는 사이 우리는 이미 여러 차례 웃었다. 하얗게 늘어선 사람들 속으로 초록 운동복을 입고 가는 장관 일행이 그려진 것이었다.

다음 날 아침 그가 이끌고 간 곳은 '파스텔 드 벨렝'이었다. 아줄레주 타일로 장식한 푸른 집은 차양막도 파랗고 아주 작은 커피잔도 파랬다. 그 집 에그 타르트는 대단했다. 두고두고 생각나는 최고의 맛이라고나 할까. 세상에서 가장 맛있다 했지만, 그 맛은 이미 이 세상 것이 아니었다. 달콤한 에그 타르트에 쓰디쓴 에스프레소 한 잔, 다시 포르투갈에 간다면 그건 순전히 그 아침 때문일 것이다.

겹겹의 패스추리 위에 달걀노른자를 올려 구운 파이는 바삭하고 부드러웠다. 표면에 걸쭉한 캐러멜을 끼얹어 거뭇거뭇 울퉁불퉁했다. 제로니무스 수도원에서 달걀 흰자로는 빳빳하게 수도복을 손질하고 남은 노른자로 만들었다는 에그타르트는 딱 3명만 알고 있었던 비법이 전수되어 전 세계로 퍼졌다. 대서양에 이르기 전 드넓은 강과 수도원, 벨렝 지구가 기억에 남는 것은 그 달콤함 때문일 수도 있겠다.

 포르투갈에 오기 전 나는 많이 아팠다. 「산벚꽃 피었는데」를 쓰면서 거의 죽을 지경이 되었다. 다섯 살 때 돌아가신 엄마 이야기를 처음으로 꺼내 쓴 것이다. 몇 십 년이 지나 괜찮을 줄 알았는데 슬픔은 다섯 살 그대로였다. 오랜 시간 독이 된 슬픔은 나를 공격했다. 그동안 글을 쓸 수도 집 밖으로 나갈 수도 없었다. 현관에 놓인 신발을 다시는 못 신을 것 같았다. 건드리기만 해도 학질보다 더한 아픔에 비명을 질러댔다. 사십 여일 후, 겨우 병원에 가 혈액 검사를 해 보니 말기 암에 해당하는 수치였다. 그럼에도 불구하고 '임헌영의 인문학기행단'에 끼었다. 아니, 그러니까 가야 한다고 했다. 남편은 물론 시어머님과 아이들까지 등을 떠밀었다. 지금 생각하니 그때가 아니면 못할 일이었다. 삶이 되풀이되지 않는다는 것을 그때는 알지 못하였다. 다행스럽게도 글쓰기를 멈추자 아픔도 차츰 사라졌다.

그때부터 나의 인문학 기행은 시작되었다. 그 후 십 년이 넘었지만 조르디같이 재미있고 박식한 가이드는 없었다. 포르투갈에 다녀온 지 5년 후 나는 그에게 메일을 보냈다. 어쩌다 모이면 그때 이야기를 한다는 내용이었다. 무려 1년 후 답장이 왔는데 여행지에서 돌아와 내 편지를 보았다는 것이다. 그 후 연락을 못 한 채 지금에 이르렀다. 얼마 전 그를 본 것은 인터넷을 통해서였다. 그는 여전히 자신의 임무에 충실하고 있었다. 눈을 반쯤 감은 채 기나긴 역사를 읊조리고 있었다. 요즘은 주로 성지 안내를 하고 있다는 그에게 평화가 있기 바란다.

세상의 모든 음악

아버지가 라디오를 준 것은 중학교 2학년 때였다. F. M을 들을 수 있는 골드스타 금성 라디오였다. 금속빛 외장에 빨간 왕관이 선명했다. 할머니는 사당을, 나는 할머니를 지키느라 재실에 살았는데 그날이 가장 기쁜 날이었다. 라디오는 세상과 연결되는 끈이었다. 서울로 전근 간 아버지는 초등학교 교사를 그만 두고 버스회사 경리가 되었다. 먼 친척이 운영하던 회사는 종점에 있었다. 근처에서 버스로 출퇴근하던 아버지는 타고 내릴 때 큰 소리로 밝게 인사를 했다. 그리고 안내양 옆에 서서 그들의 고충을 들었다. 허리 병을 달고 살았던 안내양은 먼 고향 대신 우리 집에서 잠깐 쉬어 가기도 했다.

몇 해 지나지 않아 아버지가 우수 사원으로 뽑혔는데 상품이 승용차였다. 주차할 곳도 운전면허도 없던 아버지는 차 대신 라디오를 고집했다. 아버지는 2등 상품이었던 트랜지스터를 받아 와 내게 주었다. 세상의 모든 음악을 나에게 선물한 것이다. 어찌나 좋았는지 어디나 들고 다니며 라디오를 끼고 살았다. 그런 내게 승용차 대신 타 온 라디오임을 몇 번이나 말하던 아버지. 승용차 보다 '더 좋은 것'을 선택한 아버지가 멋져 보였다. 나는 F. M을 들으며 사랑이나 행복, 일상의 가치에 대해 생각했다. 어느 때는 신청곡을 적기도 하였다.

봄 방학 때 아버지와 진천 외가에 갔다. 다섯 살 때 떠나온 곳을 여고 2학년이 되어 찾아간 것이다. 다섯 살 되던 해 아파서 외가에 있던 어머니는 어느 봄날 돌아가셨다. 어머니가 돌아가시자 이십대 초반의 막내외삼촌은 나를 데리고 여주로 향했다. 이포 나루 건너, 백사장에서부터 울기 시작한 나를 본가에 두고 외삼촌은 돌아갔다. 본가에 온 나는 울다 지쳐 잠들고 깨어나 다시 울었다. 진득한 땀과 눈물에 가려 앞이 보이지 않았다. 해도 노랗고 하늘도 노랬다. 뿌연 황사에 송화 가루 날리는 오월이었다.

외가에서 돌아오니 어두운 청소년기가 기다리고 있었다. 삶에 위로를 주는 건 음악뿐이었다. 추운 밤 심야방송을 들으면 숨이 쉬어졌다. 신호 음악과 진행자의 목소리만으로도 힘이 났다. 그때부터 지금까지 나의 삶 모든 곳에 라디오가 있었다. 요즘은 주로 음악방송을 듣는다. 그 중 클래식 방송은 고정이어서 집과 차, 연못가 잔디밭에도 같은 음악이 흐른다. 명연주 명음반도 좋지만 '전기현의 세상의 모든 음악'을 기다린다. 그의 음성은 하루를 마감하는 느낌을 주고 해질녘 듣는 그 음악은 우리네 삶을 다독인다.

고교를 마치던 겨울 할머니가 돌아가셔서 아버지를 따라 서울로 오게 되었다. 서울 집에는 새어머니와 동생들이 있었다. 갑자기 떠나와서일까 꿈속에 나오는 배경은 온통 시골이었다. 강가로 난 길을 되짚어 따라 가기를 생각만으로 반복하고 있었다. 매일 올라가던 왕자바위와 들판, 하얗게 흔들리던 남한강물…. 제비꽃조차 그리워졌다. 사당과 재실, 태어나 자란 곳으로 가기 위해 꿈에서도 애를 썼다. 이십대가 되어도 향수병은 낫지 않았다.

서울로 온 지 얼마 지나지 않아 라디오가 망가졌다. 수동으로 맞추는 주파수 끈이 끊어져 버린 것이다. 몇 번 고쳐 쓴 경력을 믿고 라디오를 해체 하였으나 부품을 잃어버려 조립을 못하고 말았다. 아버지는 웃으면서 "자동차 한 대를 망가트렸구나!" 했다. 카세트 라디오와 녹음기…. 아버지의 음악 선물은 계속 되었다.

서울 집에는 방 한쪽을 다 차지할 만큼 커다란 전축이 있었다. 폴 모리아, 하이든, 역마차, 비틀즈, 트윈폴리오, 음악의 유산 등등…. 아버지 음반을 듣기 시작한 건 그때부터였다. 기일이 되면 아버지는 전축 위에 제수를 올리고 제사를 지냈다. 나는 그것이 이상했다. 비어있는 재실과 제사 지낼 곳 없는 아버지는 생각지 못하였다. 할머니 돌아가신 후 음악을 듣지 않았던 아버지, 아버지의 LP판은 내 차지가 되었다.

    내 곁에 슬쩍 음악을 놓아 주신 아버지, 덕분에 나의 삶은 풍요롭고 견딜만했다. 지휘를 했던 아버지에게도 음악은 중요했을 텐데 단 한 번 드러낸 적이 없었다. 오랜만에 음반을 꺼내놓고 오랫동안 들여다본다. 이렇게나 다양한 음악이라니…. 아버지 삶도 만만치 않았나 보다. 세상의 모든 음악이 필요할 만큼….

노르망디 바랑주빌 성 발레리성당

　내가 다시 가고 싶은 곳은 모네가 그린 '바랑주빌 교회의 아침 풍경'에 나오는 성 발레리 성당이다. 프랑스 노르망디 백악절벽, 입체파 조르주 브라크가 묻혀 있는 해양묘지. 단언컨대 이보다 더 아름다운 무덤은 없으리라! 파리에서 두 시간 쯤 달려 도착한 노르망디, 알바트르해안은 절벽 성당 양안으로 끝없이 펼쳐져 있었다. 르아브르에서 디에프, 트레뽀르에 이르는 백악해안, 젖빛색의 바다와 석회질의 하얀 절벽을 따라 장장 120km를 내달린다.

　프랑스 땅 끝 디에프, 강줄기가 바다로 나가면서 파헤쳐진 골짜기들은 규칙적으로 끊어져 있었다. 산울

타리와 완만한 언덕 사이로 노란 밀밭이 보였다. 벼랑 길로 이어지는 그림 같은 도로, 수직으로 깎아지른 하얀 절벽, 그중 몇몇은 높이가 120m에 달해 파도와 비에 침식된 백악의 절경을 보여주었다. 절벽과 골짜기를 가장 가까이에서 볼 수 있는 디에프, 성당을 삼키려는 듯 해마다 1미터씩 침식해 들어오는 바다를 향해 아득한 벼랑 하얀 단애 위에 해변의 묘지가 있었다. 절벽을 따라 정원과 숲 가운데 숨겨진 바랑주빌 교회는 12세기부터 바다를 굽어보고 있었다. 영원한 생명을 얻어 잠이 든 사람들도 하늘과 맞닿아 광막한 바다를 향해 말없이 누워 있었다.

  돌아와서야 안 것이지만 앙드레 지드의 무덤은 에트르타 인근 퀴베르빌에 있었다. 우리나라 방방곡곡 '골짜기 마을'에 해당하는 '골말'이 어디에나 있듯이, 노르망디 '퀴베르빌'도 그렇게나 많았던 것이다. 디에프의 퀴베르빌을 헤매다 편도 1차선에서 더 좁아진 길을 따라 바랑주빌 성당에 이르렀을 때, 교회 앞은 혼배미사 하객과 작은 차들로 붐볐다. 오후 일정에 쫓기던 인문학 기행단 중 두 세 명만 대형버스에서 내려 묘지로 향했다. 교회를 에워싼 크고 작은 묘지석에 지드의 이름은 없었다. 교회를 한 바퀴 돌기 위해 비탈진 언덕을 내려가 교회 앞머리에 섰을 때 예의 그 알바트르해안을 만났다. 끝을 알 수 없는 백악의 절벽, 쨍한 햇빛을 받으며 그것을 바라보는 무덤들, 희부옇고 아득한 풍경을 향해 홀로 서있는 나, 지금까지의 삶이 파노라마처럼 가슴을 훑을 때, 그 충격과 감동은 이루 말 할 수 없었다.

전날, 루앙에서 잠깐 만난 큰아들과 아들 친구 K도 버스에 타고 있었다. 점심을 함께 한 후 이곳에 들렀으니 가까운 기차역에 내려줘야 할 것이다. '지드'를 포기하고 서둘러 버스로 돌아와서야 우리 일행이 곤경에 처했음을 알았다. 나가는 길목에 작은 차 한 대가 주차되어 옴짝달싹못하게 된 것이다. 우물쭈물하다가는 오늘 일정에 큰 차질이 생길 터였다. 『좁은 문』의 알리사와 제롬, 지드에 대해 쓰기로 했던 나는 이 모든 것이 내 책임인 양 당혹스러웠다.

급한 대로 일정표가 프린트 된 A4 용지를 절반으로 접어 K에게 내밀었다. 불어로, 차량번호와 현재 상황

프랑스 노르망디 백악절벽,
입체파 조르주 브라크가 묻혀 있는 해양묘지.

을 써 달라고 해서는 셋이 함께 성당으로 뛰었다. 눈부신 오후 고요한 성당 앞, 굵은 모래 알갱이가 발에 밟혀 튀는 소리가 유난히 크게 들렸다. 그 소리가 채 잦아들기도 전에 성당으로 진입했다. 세 사람이 일시에 뛰어든 성당 안은 깜깜했다. 성당을 가득 채우고 입구까지 늘어 서있던 하객들은 수런거렸다. 중후한 신사분이 다가와 무슨 일인지를 물었다. K가 설명을 곁들여 건네준 종이쪽을 들고 오른편 통로 앞쪽으로 나아가던 그, 하도 고마워 나도 몰래 셔터를 눌렀을까? 세상에서 가장 밝고 아름다운 혼배미사를 배경으로 되돌아오는 그의 모습이 담겨 있었다. 브라크가 만들었다는 스테인드글라스도 코발트빛을 발하고 있었다.

전달 받은 쪽지를 보고 한걸음에 밖으로 나온 그 남자는 코발트블루 슈트를 입고 있었다. 늘씬하고 큰 키, 데이비드 베컴 헤어스타일이 잘 어울리는 그는 파리지앵처럼 보였다. 자기 차량을 이동하고도 다른 하객들과 더불어 삼십 여분 더 교통정리를 해 주던 그. 그와 그 모든 분들에게 박수! 버스 안에서 우리가 할 수 있는 일이라곤 박수갈채를 보내는 것뿐이었다.

임 교수는 "이것이 바로 똘레랑스!"라며 자유 프랑스를 지탱해온 '똘레랑스(tolérance, 관용-)'에 대해 역설하였다. 문학기행 몇 달 전 부터 임 교수께 들었던 인문학 강의는 현장을 목도한 곳에서 마침내 그 정점을 찍는 듯했다. 마치 이 순간을 위해 프랑스에 온 것인 양 우리

절벽 성당 양안으로 끝없이 펼쳐져 있는 알바트르해안

는 벅찬 가슴으로 다시 한 번 열렬히 박수를 쳤다. 꼬리에 꼬리를 물고 들어오는 차들을 작은 골목들로 유도하고 누군가 큰 길까지 나아가 차량 진입을 막은 끝에 우리는 겨우 그곳을 벗어날 수 있었다.

"나는 당신 말에 동의하지 않지만, 당신이 말할 권리를 위해 목숨을 걸고 싸우겠다."는 이블린 홀의 말

성 발레리 성당 혼배미사

처럼 내 확신을 유지하면서, 다른 사람의 확신을 인정하는 것이 관용이다. 나와 같은 생각을 한 사람 뿐 아니라, 다른 생각이나 주장을 가진 사람까지도 존중할 수 있는 것, 그것이 바로 관용이 만들어내는 평화롭고 조화로운 세상의 한 모습일 것이다. 국제앰네스티에서 활동하던 큰아들이 기아, 난민, 생태, 환경, 인권에 관심을 갖는 것이 새삼 고마웠다.

"나의 책을 던져버려라. 그것은 인생에 대하여 취할 수 있는 수천의 태도 중 하나에 지나지 않는다는 것을 명심하라. 그대 자신의 태도를 찾아라. 남이라도 그대와 마찬가지로 잘할 수 있었을 일이라면 하지 말라. 남이 그대와 마찬가지로 훌륭히 말할 수 있었을 것이라면, 말하지 말라. 그대와 마찬가지로 남이 쓸 수 있는 것, 그것은 쓰지 말라. 그대 자신 속에서가 아니고는 아무 데도 없다고 느껴지는 것 외에는 집착하지 말라. 그리고 극성스럽게 또는 참을성 있게, 아아! 무엇으로도 대체될 수 없는 존재를 스스로 창조하라."

앙드레 지드가 쓴 『지상의 양식』 마지막 구절이 마음에 와 담기는 밤이다.

한 번 더 간다한들 그날만큼 아름답지는 않으리라! 그래도 나는 가고 싶었다. 단 한 번 일별하듯 보았던 그곳을 잊지 못해 꿈에서도 그리워했다. 퀴베르빌, 에트르타, 디에프를 위성 지도로 검색하다 그곳이 바랑주빌, 성 발레리 성당 해양묘지(Varengeville-sur-Mer, the Church of St. Valery and its marine cemetery.)임을 알았다.

위키피디아 'Varengeville-sur-Mer'에서 손에 잡힐 듯 선명한 '장-폴 몽'의 성 발레리 성당 사진을 찾아 바탕화면에 띄워 놓았다. 그저 바라보는 것만으로도 기도가 되는 풍경이었다. 다섯 살 때 돌아가신 친어머니만큼이나 그리워했던 해변의 묘지, 이제는 그곳에 가지 않아도 될 것 같다. 지난 5년, 그리고 이 글을 쓰면서 충분히 그리워했던 것이다.

해설

3대에 걸쳐 형성된 창작혼의 비의
- 조선근 수필집 『산벚꽃 피었는데』를 읽으며

1. 트라우마가 만든 개성미 강한 심미안

　조선근 작가는 한 마을이나 집단을 지키는 수호신의 역할을 수행하는 장승같은 존재다. 그녀는 결코 키가 장승처럼 크거나 위엄을 갖추진 않았고, 유난한 차림새나 요란한 장신구도 선호하지 않으며, 화장이나 화려한 어법으로 수다를 떨진 않지만 누구나 그냥 지나칠 수 없는 웃어른처럼 존재 그 자체만으로 자신의 위상을 입증해 주는 특이한 인간상이다. 그녀는 어떤 모임이나 회합에서도 참석자들이 다 자신을 인식하도록 만드는데, 딱히 자신이 유명해지거나 감투를 쓰련다거나 상대에게 무언가를 취하려는 어떤 티끌 같은 욕망도 없는 결벽성을 가졌으면서도 '나 여기 있소!'라고 외치듯이 자신의 존재를 부각시키고 만다. 어떤 행사나 모임에서 그중 유명인이나 탁월한 화제의 인물이 있으면 그 행사 주최자보다 더 밀착하여 신뢰와 교유를 맺곤 한다. 이런 연유로 그는 은근히 자신의 삶에 지혜와 보람의 영역을 넓혀 나가는 예지를 갖춘 작가다.

한국산문 동네에서 오랫동안 조 작가는 전속 사진사를 자청하여 봉사해 왔다. 어떤 공식 회합이나 반별 모임, 출판기념회나 야유회라도 있으면 엄청나게 크고 비싸고 성능 좋은 카메라를 힘겹게 매고 등장하여 위험하거나 근접하기 어려운 구역을 맘대로 넘나들며 개인, 그룹, 테이블 별, 무대 위나 뒷면 등등을 무시로 누비며 촬영했다. 아마 한국산문 회원으로 조선근 작가의 사진을 한 점도 안 가진 작가는 드물 것이라고 해도 지나치지 않을 정도로 헌신적으로 봉사했다. 단체 사진을 찍을 때면 군 지휘관처럼 상대가 누구든 이리 가라 저리 가라는 등 잔소리가 가장 많은 촬영사였다. 공교롭게도 인간은 촬영할 때와 미용실에서, 그리고 수술할 때는 가장 순종적으로 복종하는 비겁성을 가진 동물이라 별 탈은 없었지만 한번 촬영하는데도 꽤나 긴 시간을 빼앗기면서도 자신이 보다 잘 나게 찍어주려는 조 작가의 명령이라 불평은 없었다. 손전화 촬영이 유행함과 동시에 그녀의 연륜이 깊어지면서 조 작가는 한국산문 전속사진작가로부터 은퇴해 버렸지만 여전히 그녀를 떠올리면 카메라가 연상될 정도다.

이런 조선근 작가와 나는 흥허물 없이 지내는 20여 년 지기다. 2003년 경 현대백화점 천호점 문화센터에 처음 등장했던 그녀는 2005년에 등단했으니 벌써 옹근 20년을 넘는 인연에 일가견을 갖춘 중견작가다. 내가 30여 년간 다녔던 해외 문학기행(아마 이정희, 김미원 작가 등 몇몇을 빼고는 가장 많이 참여) 중에도 전속 사진사처럼 모든 촬영을 자임했다. 뿐만 아니라 그 행선지에 걸맞은 음악 선정 책임자이기도 했으며, 식사 때나 티타임이면 언제나 내 주변 좌석을 독점하여 다른 누구도 넘보지 않을 정도였다. 아내 고경숙과는 나보다 더 밀착했다.

이쯤 되면 조선근 작가는 필시 임헌영의 애제자로구나 여길 것이다. 애제자이긴 한데, 애제자란 문자 그대로 만사에 튼튼한 모범생으로서의 애제자인 경우도 있지만 애물단지로 스승이 항상 안부를 물어야 하는 애제자도 있는데, 조선근 작가는 후자에 속한다. 천호반 소속으로 연을 맺은 조 작가는 내가 그 강의를 그만 두고 새로이 평론반을 개설했을 때에는 교통상 많은 불편이 있는데도 당연한 듯이 따라 왔다. 그만하면 진성 애제자일 텐데 굳이 애물단지 애제자라고 공개하는 건 가장 결석이 많은 불량학생이라는 게 첫째 이유다. 아마 한국산문 전체 회원 중 가장 결석이 많은 작가라면 단연 조선근을 따를 자가 없을 정도로 출석보다 결석이 더 많다. 어떨 땐 연속 결석으로 이젠 그만 두려나 하는 우려가 꿈틀댈 때면 슬그머니 아무렇지도 않게 등장, 그간 무슨 일이라도 있었느냐고 물으면 아무 일도 없었다면서 당당하게 나서는 약간은 중뿔난 제자이기도 하다. 안 나타나도 잊을 수 없고 나타나도 앞으로 계속 나온다는 보증이 안 되는 부도수표 남발자인 조선근 작가. 그런데도 자기 집에서 가꾼 농작물이나 과일을 무시로 우리 부부가 즐길만하게 '나 행복하게 잘 지내요"라고 안부를 전하듯이 보내주곤 한다. 어떤 때는 부군과 자신의 가업인 문방구 도매상에서 귀한 필기도구들을 잔뜩 갖고 와서 참석자 전원에게 배포하는 통 큰 인심을 베풀기도 한다.

    이렇게 사진작가로서의 조 작가를 서두의 화제로 삼는 건 그의 봉사와 희생정신이 그녀의 삶의 자세임을 말하고자 함에서다. 그녀는 인연을 맺은 모임이나 단체를 위하여 어떤 감투도 마다하면서도 장승처럼 든든한 배경이 되어 끈끈한 연대감을 조성하도록 힘을 보탠다. 천호반 시절에는 전원을 자기 집 남양주 별내면의 넓은 전원주택으로 초대, 걸판지게 접대도 했다.

이쯤 되면 조선근 작가가 사통팔달에 천하 호인으로 여길지 모르지만 천만의 말씀으로 오히려 그 정반대다. 엄청 사람을 가리기에 그의 격조에 맞는 대상은 극히 드문데, 예를 들면 『라인 강변에 꽃상여 가네』의 조병옥 작가라든가, 이 수필집에 등장하는 법정 스님과 그가 추천해준 서옹(「법정 스님」), 그 많은 유럽 여행 가이드 중에서 그 실력이 3위권 안에 든다는 허 조르디(「허 조르디」) 등등 그녀의 필에 꽂히는 인물은 무척 드물고, 일단 꽂히고 나면 그 신뢰와 집착은 깊고 오래 간다. 조 작가의 사람다운 사람 찾기는 디오게네스만큼 까탈스러워 그 누구의 충고도 마다하고 자신이 직접 간택한다. 조병옥 작가에 대한 글은 이 책에는 없지만 내가 수시로 그녀의 안부가 궁금할 때면 조 작가를 통해 묻곤 할 정도였다.

법정의 유명세는 조선근 작가만의 전매특허가 아니지만, 아버지와 작가 자신 2대에 걸쳐 엮어진 인연을 다룬 글은 담담하면서도 운치가 있다. 여기에 서옹까지 등장시키면서 작가 아버지의 젊은 시절 고뇌까지 씨줄과 날줄로 얽혀 인생론의 단층촬영처럼 사유를 유발한다.

허 조르디는 내가 문학기행 중 2004년 포르투갈-스페인 여행 때 만났던 현지의 관광안내인 법정 자격증을 가진 수재형 홀아비였다. 여기에 동참했던 조선근은 사진 촬영을 잊을 정도로 그에게 경도했는데, 비단 그녀만이 아니라 동행자들 전원이 다 그에게 흠씬 취할 정도였다. 그는 세계사부터 한국사를 거쳐 정사와 야사, 각계의 학자와 문화예술계 인물, 재벌 등등을 두루 꿰고 있는데다가 맛난 식당에 메뉴까지 통달했으며 만담처럼 한 대목마다 웃겼다. 그리스인 조르바를 연상하는 이름에다 까탈스러운 성격 때문에 자신의 표현에 따르면 아내로부터 버림받고 혼자 산다니까 여성 참석자들은 더욱 안타까워했다. 필시 모성애의 발로였으리라.

이런 격조와 품위와 안목과 감식안을 쉽게 이해하려면 먼저 작품 「이태리 가구와 종소리」를 찬찬히 읽는 게 좋을 것 같다. 자신이 선호하는 크리스털 잔을 보관할 곳을 찾다가 그에 어울릴 그릇장인 "이태리 가구에 꽂힌 것이다." 한국산 크리스털 잔은 "맑고 투명한 대신 묵직하고 비쌌다." 그래서 "잔을 부딪칠 때 나는 종소리, 높고도 맑은 그 소리에 반"해서 "와인잔, 브랜디잔, 샴페인잔, 맥주잔, 소주잔, 언더 럭스, 얼음 통, 나중엔 작은 꽃을 꽂는 화병까지" 샀다. 그들의 거주지로 심미안이 남다른 조 작가가 선택한 게 이태리제 "유리로 된 삼단 그릇장이었다."

> 크리스털이 그릇장을 채우면서 종소리 나는 날도 많아졌다. 너무 세게 부딪쳐 깨질 때도 있었다. 그러면 또 할인 판매를 기다리거나 살짝 이가 나간 것은 돌려 깎았는데 유상 수리를 두어 번 하면 잔이 짧아졌다.(「이태리 가구와 종소리」)

가구에만 애착이 강했다면 어찌 작가가 됐겠는가. 책장에도 미학적인 식견으로 선호한 조 작가는 자신이 원하던 대상이 "부슬부슬 내리는 봄비"를 맞으며 "이사 쓰레기 더미 위에 비스듬히 얹혀" 있는 걸 발견했다. 이 버려진 책장을 들여다 "성경책이며 성가집, 중소기업에서 나온 두꺼운 책, 족보 등을 꽂았는데 그이 서재에 꼭 맞아 그렇게 예쁠 수가 없었다."

대개 작가들은 여기서 글을 끝맺어 버리기 십상인데, 장승 체질의 조선근 작가는 성큼 한 발짝 더 나아간다. "그날 이후 다시는 욕망에 사로잡히지 않았다. 내가 그리도 원하고 갖고 싶어 하던 것을 누군가 버렸다는 것은 충격이었다. 아무리 귀해 보여도 쓰임새가 다한 사람에겐 한낱 쓰레기에 지나지 않는다는 사실을 직시했다고나 할까. 고질이었던 '사는 병'에서 자유로워지니 비로소 사물이 온전히 보였다."면서 『전도서』의 아래 구절을 인용한다.

지금 있는 것은 언젠가 있었던 것이요.
지금 생긴 것은 언젠가 있었던 일이다.
하늘 아래 새것이 있을 리 없다.

"보아라, 여기 새로운 것이 있구나!"
하더라도 믿지 마라.
그런 일은 우리가 나기 오래전에
이미 있었던 일이다.(『전도서』, 9~10절)

이렇게 세상만사를 360도로 회전하는 감식안으로 관찰하면서 이를 변증법적으로 유추해서 자신의 취향이든 뭐든 보다 바른 삶을 지향하는 작가 정신이야말로 면허증을 가진 수필가라 할 만하지 않는가. 가히 노장의 경지에 이른 것이다.

여기까지 정독한 분들은 조선근 작가의 인간됨과 작품세계가 어떻게 이뤄지는가를 얼추 짐작할 수 있을 것이다. 우선 조선근은 (1) 품격과 안목을 갖추긴 했으나 사람 선택에서 무척 까다롭다는 것, (2) 그런 까다로움이 사람 선택에만 해당되지 않고 모든 소유물에도 적용된다는 것, (3) 음악에 조예가 깊다는 것, (4) 가족애가 강하다는 점, (5) 가톨릭 신앙인이라는 것 등을 간파했을 것이다.

이 다섯 기둥은 조 작가의 존재 그 자체인데, 연원과 변천 과정을 더듬어 올라가노라면 가장 먼저 5세 때 세상을 하직한 어머니가 사라지지 않는 실루엣처럼 부상한다. 이 다섯 기둥의 심층을 탐험하려면 프로이트의 정신분석학적인 방법부터 샤머니즘, 한국인 특유의 기질인 정과 한의 정서 등등 온갖 해박한 정보를 동원해야겠지만 그러기에는 괜히 독자들의 뇌세포만 어지럽힐 것 같아서 주마간산 격으로라도 작가 조선근의 이해에 필요한 영역만 골라 간략히 살펴보기로 하자.

2. 무엇으로도 대체될 수 없는 존재를 스스로 창조하라

조 작가가 처음으로 글쓰기 교실에 들어선 배경에는 "아직도 유년기 상처를 건드리지 않으려 애쓰는 자신"

의 아픔을 극복하려는 의도에서였다.

> 다섯 살 봄, 어머니 돌아가신 후 본가로 온 나는 말을 하지 않았다. 어머니도 안 계신 세상에 무슨 말이 더 필요하랴. 그 대신 내 안에, 보고 들은 것을 잘 적어 두는 공책 하나를 품었다.(「작가의 말」)

그 아픔에 얹혀 "살면서 힘을 내야 할 때는 행진곡을 틀었다." 팍팍한 삶에서 그녀는 "처음으로 하느님을 향해 불평을 했다." 그러자 "그 불평이 하느님 맘에 들었던지 하느님은 거짓말처럼 친구를 데려다 주었다. 친구와 나는 지금도 종종 밥을 함께 먹는다. 아주 어릴 때부터 늘 그랬듯." 이렇게 살아가는 동안 "사랑은 모든 것을 빛나는 것 아름다운 것 의미 있는 것으로 만들어 준다."는 소중함에 눈을 뜨게 되어 종내에는 이런 멋진 수필집이 나오게 되었다고 「작가의 말」에서 토로한다. 여기서 조선근 작가는 자신의 작품을 형성하는 다섯 기둥의 내력을 간명하게 다 밝혀준 셈이다.

조 작가에게 영혼의 영원한 안식처 역을 차지하고 있는 어머니는 진천군 초평저수지의 출렁다리로 유명한 풍광 좋은 곳 출생으로 고교 졸업 후 양가 혼주들이 약조한 대로 여주의 창녕 조 씨네 집성촌 종갓집 종손과 혼인했다. 부군은 종손답게 집안의 명에 따라 대학을 중퇴하고 낙향했다. "오남매 중 넷째로 부모님 슬하에서 참하게 수만 놓던 어머니는 기제사만 스무 번이 넘는 종갓집 종부가 되어 허리 펼 날이 없었다. 삼백 년 넘는 집성촌에 제삿날이 가까워지면 집안 아낙네가 모여 제기 그릇부터 닦았다." 이듬해 봄 맏딸로 태어난 조선근을 두고 "아버지는 대학공부를 마저 해야겠다며 서울"로 떠나버려 어머니의 생활은 더욱 피폐해졌다. 건강에 적신호가 닥치자 어머니는 네 살 된 조선근을 데리고 친가인 초평으로 요양차 갔지만 이듬해 그곳에서 작고, 비가 많이 오던 날 외가 선산에 안장됐다. 산벚꽃이 핀 계절이었고, 어머니를 잃고 처음 본 꽃이 제비꽃이었다.

다섯 살 소녀인 조선근은 태어난 여주 본가로 돌아왔지만 그 후 웃음과 말을 버렸다. 누구와도 말을 하지 않는 벙어리처럼 된 데다 밥조차 굶어 온 가족들의 속을 썩였다. "어머니 없는 세상을 거부하듯 온몸에 두드러기가 났다. 연기 나는 아궁이 앞에 나를 세워놓고 누군가 수수비로 쓸어내리곤 했다." 그러나 "여름 지나 가을이 될 때까지 아픈 건 그대로였다." 이러다가 그녀가 문득 깨어난 밤, "이마가 서늘하도록 열이 내렸다."

오랜만에 밥을 찾는 나에게 누군가 물 만 밥에 씻은 김치 한 쪽을 얹어 주었다. 가늘게 찢은 김치 한 쪽이 흰 밥 한 술과 함께 입 속으로 들어왔다. 사근사근 가볍게 씹히던 그 맛은 사는 맛이었다. 앞으로의 삶이 이러하리라는 것을 보여주기라도 하는 것처럼 시원하고 생생한 그 맛은 평생 잊을 수 없었고 다시 살아갈 힘을 주었다. 물 만 밥에 헹군 김치를 받아먹으며 '살아야 한다'고 생각했다. 살아서, 지금 이 상황이 무엇인지 알아보리라. 이해할 때까지, 살아 보리라! 죽음을 물리친 그 새벽, 단단히 마음먹었다.(「빨간 점퍼」)

그러나 마음처럼 쉽진 않았다. 그런데 "크리스마스 무렵, 아버지 생신에 내종 고모들이 오셨다. 우리 어머니가 돌아가셨다는 소식을 듣고 위로 차 오셨을 터였다." 이때 "지열이 고모가 **빨간 점퍼를 선물로 주었다. 빨간 바탕에 하얀 물방울무늬가 그 밤 내리던 함박눈을 생각나게 했다. 어린 내가 올려다 본 어른들은 하나같이 웃고 있었다. 그래서인지 그날을 떠올리면 행복한 기분이 들었다.**"

그날 받은 빨간 점퍼는 모든 어려움을 이기고 살아갈 힘을 주었다. 그때를 생각하면 사랑받고 있다는

> 느낌이 들었으며 그것은 내가 기억하는 맨 처음 선
> 물이었다.(「빨간 점퍼」)

친지들의 작은 사랑과 선물이 인생행로의 이정표처럼 작용했다. 이런 사랑들로 트라우마가 서서히 치유되어가긴 했지만 조선근의 시지프스의 신화는 여전히 무거웠다.

> 어머니를 가슴에 묻고 시묘侍墓 살이 하듯 십대 후
> 반을 건너 스무 살이 되었다. 내게 있어 꽃다운 청춘
> 이란 없었다. 살아야 할 이유를 찾아 오랜 시간 방황
> 하였고 방황 끝에 얻은 결론은 수도자, 아니 은둔자
> 가 되는 것이었다.(「산벚꽃 피었는데」)

소녀에게 교리를 가르쳐 주던 김 신부는 "수도원은 피난처가 아니라고 하였다."

그녀는 어머니의 부재를 통하여 세상의 그 누구도 어머니의 대역을 할 수는 없다는 절망 속에서 프로이트의 주장처럼 이럴 때 형성되는 불안의 해소를 위해 각종 방어기제 defence mechanism가 작동됐을 터였다. 심리적인 방어기제는 각양각색인데, 조선근의 경우에는 반동형성反動形成, reaction formation으로 세상과 절연하는 걸 모색하다가 신부의 충고로 사회적으로 인정될 수 있는 행동

방식으로 표출하는 승화昇華, sublimation와, 존경하는 대상과 같은 위상으로 자신을 격상시키려는 희구로 자신의 존재감을 드러내는 동일시同一視, identification로 방향전환할 수 있게 되었다. 좌절의 늪으로부터 헤쳐 나올 수 있는 가장 성공적인 심리기제를 터득한 조선근은 그래서 품격과 권위를 갖춘 개성미를 갖추게 되었고, 그러는 과정 속에서 자신이 선호하는 대상의 선택이 까다로워져서 가족 중심주의가 남다르며, 교유관계 역시 사자가 새끼 기르듯이 난코스를 거쳐야만 인연을 맺는 신중성을 판단 기준으로 삼게 되었다. 이러다 보니 저절로 음악적 취향과 문학수업, 거기에다 신앙심까지 삶의 중요한 덕목으로 자리매김하게 되었다.

특히 조선근 작가의 삶 한 가운데를 차지하는 사랑은 줄리아 크리스테바Julia Cristeva의 이론을 연상케 한다. 불가리아 출생으로 프랑스에서 여류 작가와 평론가로 명성을 얻은 이 명석한 석학은 모든 병의 원인을 사랑의 결핍으로 보면서 기독교는 무차별 무조건적 사랑을 강조하고, 정신분석은 상처의 경감과 사랑할 수 있는 능력 회복에 초점을 맞춘다고 그 차이를 밝힌다.

동정녀 마리아를 오염되지 않는 온전한 여성이기를 바라는 신자의 심리적인 기원에서 창출된 것으로 해석

하면서, 어머니로부터 분리된 상태에서 살아남고자 아버지(즉 사회체제)에 의존할 밖에 없는 데서 발생한 게 마리아 숭배라고 주장한다.(『정신분석과 신앙』).

조선근은 성장한 뒤에야 외가의 어머니 묘소를 조씨 문중 선산으로 이장하면서 "머리부터 발끝까지 큰 짐을 부려 놓은 사람처럼 나는 갑자기 날아갈듯 가벼워졌다. 오랜 세월 얼음 박힌 듯 싸늘하던 손끝에도 기적처럼 온기가 돌았다. 삼십 년이 넘도록 비워 두었던 사당 밑 재실을 손질"했다.

내가 보건대 조선근 작가가 트라우마를 온전히 벗어나는 정신적인 성숙에 가장 큰 역할을 한 건 어려서부터 남달랐던 선천적으로 타고 난 품격이 아닌가 싶다. 이 작가의 정신분석적인 원인 규명에는 프로이트나 크리스테바 같은 서양이론이 적합할지 모르나, 인류문명과 신앙의 원점인 샤머니즘적인 요소나, 정한情恨정서의 영향 역시 무시 못 할 것이다. 비록 가톨릭 신앙에 영혼을 정착시키긴 했지만 융의 주장대로 유구한 전통인 나라마다의 집단 무의식이란 한민족의 정서를 없앨 수는 없을 것이다. 특히 정과 한의 정서라면 조선근 작가만큼 깊은 경우도 드물 것이다.

고향 집 사당 오르막에 붙박여 서 있었던 수백 년 된 향나무는 "명절이면 제관들이 제수를 들고 나아가 그 앞에서 사당을 향해 꺾어져 올라갔다. 늦은 밤, 아버지가 올빼미 새끼를 보여준 것도 그 나무 등걸이었다. 제비꽃을 보러 가면 나를 지켜보는 눈길이 등 뒤로 느껴지곤 했다. 지혜를 터득한 듯 끝이 둥글둥글, 부드러운 비늘잎이던 그 나무는 우리 집을 지켜주는 수호신처럼 든든했다."

그런데, 아버지가 서울로 전근 떠나고 집안이 궁해졌을 때 할머니가 향나무를 팔았다. "깜짝 놀란 나는 받은 돈을 다시 내어 주라 하였다. 완고한 할머니는 꿈쩍도 하지 않았다." 며칠 후 제사에 온 아버지에게 그 나무를 다시 찾아오라고 졸랐으나 "나무는 또 심으면 된단다."라고 하여 "내 마음속 구덩이는 메워지지 않았다. 그 자리를 외면하기를 며칠, 아버지는 나보다 작은 향나무를 그곳에 심었다. 크고 우람한 나무가 하늘을 쓰다듬으며 그림처럼 서 있던 자리, 그 자리에 심겨진 나무는 너무 여리고 어설퍼서 없느니만 못하였다. 그저 예전의 향나무를 추억하게 하는 손거스러미 같은 존재였다." "그 이듬해 할머니가 돌아가시고 나마저 서울 집으로 올라왔다." (「아주 오래된 향나무」)

정작 중요한 건 오래된 향목에 유독 애착을 가졌던 작가의 품격이며, 이런 기질이 조선근 작가의 작품 세계 전편을 관류하고 있다. 이런 특이한 감식안, 제사 지낼 때면 불을 붙여 향로에 꽂았던 그 향목 하나에도 이런 고풍스러운 향목이 풍기는 향내를 선호했던 작가다. 뿐만 아니라 연로한 향목이 풍기는 그 기풍까지 고려하노라면 조 작가의 심미안이 얼마나 고결한가를 이해하고도 남는다. 이런 기품을 가장 잘 보여준 작품이 「노르망디 바랑주빌 성 발레리성당」이다. 이 글은 나의 문학기행에 동참했던 조 작가가 첫눈에 반했던 곳을 그 뒤 개인적으로 다시 찾아가고 싶어 했던 글이라 감회가 깊다. 내가 했던 세계문학기행 중 가장 크게 실패했던 낭패가 담긴 여로였기 때문에 더욱 인상이 깊다.

앙드레 지드의 『좁은 문』의 한 무대와 그 옆 성당 묘지에서 지드의 묘를 탐방하려던 계획이었다. 그런데 현지인들은 앙드레 지드가 누군지도 몰라 헤매다가 그 이름이라도 아는 분에게 물었으나 묘지가 있다는 건 금시초문이라는 것이다. 여기서 헤매다가 좁은 길에 막혀 조선근 작가 영식의 큰 도움을 받았던 게 이 글에 생생하게 나온다.

이때 조 작가는 노르망디 바랑주빌 성 발레리 성당

을 눈여겨봤던 것이다. 탁월한 관찰력에 뛰어난 작가의 감식안을 느끼게 해주는 기행문이다. 이 글에서 조 작가의 창작혼의 중핵인 앙드레 지드의 명구 인용은 몇 번이고 반복해 읽어도 좋다.

> 나의 책을 던져버려라. 그것은 인생에 대하여 취할 수 있는 수천의 태도 중 하나에 지나지 않는다는 것을 명심하라. 그대 자신의 태도를 찾아라. 남이라도 그대와 마찬가지로 잘할 수 있었을 일이라면 하지 말라. 남이 그대와 마찬가지로 훌륭히 말할 수 있었을 것이라면, 말하지 말라. 그대와 마찬가지로 남이 쓸 수 있는 것, 그것은 쓰지 말라. 그대 자신 속에서가 아니고는 아무 데도 없다고 느껴지는 것 외에는 집착하지 말라. 그리고 극성스럽게 또는 참을성 있게, 아아! 무엇으로도 대체될 수 없는 존재를 스스로 창조하라.(앙드레 지드, 『지상의 양식』 마지막 구절)

이 마지막 구절도 절창이지만 서문도 멋지다. "어디서든지, 그대의 도시로부터, 그대의 가정으로부터, 그대의 방으로부터, 그대의 사상으로부터 탈출하라."(앙드레 지드, 『지상의 양식』 서문).

조선근 작가의 필생의 탈출기는 곧 '어머니 트라우마'일 것이며 여기서 그녀의 미학과 삶은 결정되었다고 한들 지나치지 않을 것이다.

3. 할아버지와 아버지가 길러준 품격과 심미안

그러나 곰곰이 따져 들어가노라면 그 계기는 어머니의 죽음이지만, 그렇다고 세상 사람들 중 어머니를 어렸을 때 잃었다고 다 작가가 되진 않았고, 그로 말미암아 품격과 심미안을 높이진 않았다. 조 작가를 이렇게 형성시킨 가장 중요한 요인 중에는 적어도 할아버지-아버지-작가 자신이라는 3대에 걸친 작가혼의 거대한 대장간의 단련이 있었기 때문일 것이다.

"초등학교를 짓고 교장직을 퇴임한 할아버지는 대청마루 한쪽에 한약방을 차렸다. 오래전부터 한약장에 약초를 썰어 넣고 한지에 싼 한약재를 천장에 매달아 놓았는데 이제야 본업이 시작된 셈이었다."라고 작가는 할아버지의 실루엣을 풀어냈다.

그 시절에 향리에서 학교를 세워 교장을 맡았다면 온 고을이 우러러볼 존재였다. 이런 개화한 인물이라면 마땅히 자녀들에게 자유연애까지는 몰라도 반쯤 선택권은 줄만 하건만 이와는 걸맞지 않게 "친구였던 할아버지와 외할아버지는 진천 트미실에서 만나 사돈 맺기를 약조했다."(「할아버지」)

그러나 할아버지의 이런 고집스러운 전통문화 고수와 고전미, 윤리의식이 오히려 손녀 조선근 작가에게는 다른 어디서도 배울 수 없는 전통과 예절의 단련장이 되어 주었다. "지대가 높은 우리 집은 우물 같은 건 팔 엄두"도 못 냈는데도 "어렵사리 우물을 팠지만 좁고 깊어 까만 물속이 아득했다. 쟁반만한 물속에 두레박을 던지면 한참만에야 물이 올라왔다."

> 반쯤 담긴 물은 맑고 시원했다. 바위틈에서 솟는다더니 기막힌 맛이었다. 할아버지는 우물에서 나온 큰 돌에 영천靈泉이라 새겨 우물가에 세웠다. 신기한 약효가 있는 샘이라니, 그럴듯했다.(「할아버지」)

이 하나만으로도 할아버지의 존재는 손녀 조선근에게 많은 칭제가 되었을 터였다. 필시 그 영천의 물이 그녀의 영육에 성장 호르몬제 역할을 했으리라. 그런 데다 "중절모에 두루마기를 입고 출타할 때 참 멋있었다. 가파른 오르막을 단숨에 오른 옷자락이 언덕 너머로 나부끼다 하얗게 사라지는 것도 좋았고 돌아와 내게 천자문을 가르치는 것도 좋았다."고 했으니 더 소개할 필요조차 없다.

할아버지 못지않게 손녀의 영혼 단련사 역할을 수행했던 게 할머니였다. 오죽했으면 작가가 할머니의 애창곡 「옛날에 금잔디」를 벨소리로 정했을까. 그 시절의 여성이 그런 노래를 애창했다니 예사롭지 않았는데, 예상대로 할머니는 유명한 전주의 미션계 교육기관인 기전여학교紀全女學校에 다녔다. 이 동창 중 가장 널리 알려진 인물로는 임영신이 있다. 중앙대 설립자이자 장관, 국회의원을 두루 거친 그녀는 『친일인명사전』에 등재된 인물이지만 적어도 조선근 작가의 할머니와 함께했던 기전여학교 시절에는 항일 독서회를 비롯해 온갖 투쟁에 앞장섰기에 그 지역 일대에서 문제 학생이란 악명이 자자해서 미국으로 탈출했다. 그 뒷이야기는 생략하고 조 작가의 할머니 기억 속에 남은 임영신은 바로 기전여학교 시절이다.

어쩌면 항일여성 투사가 될 운명이기도 했던 할머니는 방학을 맞아 귀가하는 즉시 양가 아버지의 약조에 따라 혼약, 여주의 창녕 조 씨 종갓집 며느리가 되어버린 것이다. 종부가 된 할머니가 처음 한 일은 강습소를 여는 일이었고, 첫아들(작가의 아버지)을 낳았다. 심훈의 『상록수』를 연상하는 브나로드 운동에 불꽃을 일으키던 할머니는 둘째아들을 출산했으나 바로 잃게 되자 이를 자책하면서 두문불출로 들어갔다. 그 할머니는 사라진 자신의 야망을 담은 애창곡 「옛날에 금잔디」를 부르며 한 많은 생을 마감했다.(「옛날에 금잔디」, 「그분」)

이 할머니야말로 조선근 작가에게는 어머니의 가장 큰 대역이어서 그녀가 작고한 뒤 작가는 고향 여주를 떠나 아버지가 터전을 잡은 서울로 근거지를 옮겼다.

이제 한 세대가 지나고 아버지의 차례가 된 것이다. 작품에 나타난 아버지는 할아버지의 완고성과 좌절당한 야망의 추억을 무의식의 그림자로 가진 할머니의 지나친 배려로 자신의 야망을 접고 보통사람의 삶에 충실했던 장삼이사張三李四의 전형처럼 느껴진다. 서울 유학 중 할아버지의 강요로 결혼하면서 학업은 중단됐고 할아버지가 세운 학교의 교사가 된다. 어머니를 잃은 조선근 소녀에게는 이때 자전거로 출퇴근하던 아버지와 동행했던 추억이 가장 행복했을 것이다.

> 아버지의 자전거를 타고 함께 내 달릴 때, 그 보다 더 신나는 일은 없었다. 바람을 가르며 쏜살같이 달려 나가면 눈을 제대로 뜰 수가 없었다. 마치 가장 행복한 순간을 아끼며 만끽하기라도 하는 것처럼 눈을 가늘게 뜨고, 얼굴 가득히 쏟아지는 뽀얀 햇살에

> 저절로 환한 미소가 피어오르는 것이었다. 아버지의 허리춤을 암팡지게 부여잡고 단발 머리카락이 귓가에서 사각거리며 휘날리는 소리를 들을 때는, 아주 먼 곳을 향해 하염없이 날아가는 기분이었다.(「아버지의 자전거」)

한국산문 문학상 제1회 수상작으로 널리 알려진 「아버지의 자전거」는 세계적인 명문인 주쯔칭朱自淸의 「아버지의 뒷모습(背影)」을 연상하는 조 작가의 대표작으로 손색이 없다.

> 아버지는 일찍이 효자상을 타신 분이고, 전국의 교사들이 겨루는 연구 수업에서 최우수상을 받은 분이었다. 기름 먹인 등사 원지에 철필로 긁어내는 악보는 모차르트의 것보다 더 멋있었고, 그 악보의 모든 음표는 아버지의 손놀림에 따라 조화로운 음악이 되어 플라타너스 그늘 밑에서 교정 구석구석으로 가득히 울려 퍼졌다.(「아버지의 자전거」)

아버지가 지휘하던 밴드부에 조선근은 3학년 때부터 들어갔고, "그 무렵 연주하던 「다뉴브 강의 잔물결」이나 「은파」, 「파도를 넘어서」같은 곡들은 가장 행복할 때 떠올리는 최상의 음악이 되어 주었다." 그러나 이런 위안의 시간은 길지 못했다. 아버지는 서울로 떠나버렸고, 재혼, "어머니를 생각하며 평생을 속죄"하듯 생을 마감했다.

그런 아버지의 애창곡은 「스카브로우 추억」으로, 이와 같은 제목의 글에 이 노래에 얽힌 사연들이 자상하게 나온다. 정작 아버지의 긴 그림자가 조선근 작가에게 가장 깊게 남긴 건 작품 「세상의 모든 음악」에서 느낄 수 있다.

서울로 전근 간 교사 아버지가 먼 친척이 운영하던 버스회사 경리로 일자리를 옮겨 그 범생다운 근무로 우수 사원이 되자 승용차를 상품으로 주었다. 당시로서는 대단한 특혜였는데, 누가 양반집 종손 아니랄까 봐 끝내 사양하고 그 대신 받은 게 골드스타 금성 라디오였고, 이를 부성애는 음악 애호가인 고향의 중학 2년생인 딸 조선근에게 선물했다. 이를 통해 그녀는 세상의 모든 음악, 클래식부터 경음악에 뽕짝까지 두루 섭렵, 애청했다. 나는 조 작가에게 다른 소재 제쳐 두고 음악전문 작가가 되라고 몇 차례나 권유했지만 고집 센 이 애제자는 듣지 않았고, 나도 내 말을 거역한 제자를 더 이상 나무라지도 않는다. 그만큼 그이 삶 자체가 한 폭의 유장한 서사시이기 때문이다.

이제 이 글을 마감할 때가 되었는데, 정작 가장 흥미진진하고 문학적 향기가 짙으며 작가의 전 생애에 걸쳐 가장 소중한 동반자와의 첫 만남부터 성장과 사랑의 싹틈과 희로애락이 담긴 삶과 햇늙음에 들어선 뒤의 인생살이를 다룬 걸작들을 다뤄야 할 차례가 되었다. 그러나 나는 과감히 여기서 그 작품 내용을 소개하지 않겠다. 한 마디로 조선근의 '애정 3부곡'이라 불러 마땅한 세 작품은 「제비꽃」과 「만남」과 「좁은 문으로 들어가기를 힘쓰라」이다. 특히 「제비꽃」은 부군과 초등학교 동창으로 첫 만남부터 지금까지의 평온한 삶을 수채화처럼 담백하게 담아냈다. 아마 3부곡 중 가장 예술성이 뛰어난 작품일 것이다. 「만남」은 첫 만남 이후 중학교 2학년 때 재회한 소년과의 인연이 축적되면서 사랑에 눈떠가는 과정이 흑백필름처럼 전개되는 서정미가 넘친다. 「좁은 문으로 들어가기를 힘쓰라」는 사제의 주례로 성당에서 혼인 갱신식을 올린 사연을 다뤘다. 결혼서약의 재계약인 이 자리에서 헌 신랑 요셉과 헌 신부 조 세레나가 새삼 "즐거울 때나 괴로울 때나, 성하거나 병들거나, 일생 사랑하고 존경하며 신의를 지키기로 약속한 혼인 성사의 서약을 엄숙히 갱신합니다."라는 절차다.

등단 20년 만에 출간하는 이 소중한 수필집이 조선근 작가의 지난 삶의 모든 트라우마를 말끔히 걷어내고 만족한 후반생을 맞는 계기가 되기를 바란다.

산벚꽃 피었는데

초판1쇄 발행 2025년 3월 31일

지은이 | 조선근
펴낸이 | 임길순
펴낸곳 | 한국산문

편　집 | 김미원
디자인 | 정보라

등록 | 제2013-000054호
주소 | (우 03131) 서울특별시 종로구 율곡로6길 36, 207호, 208호
전화 | 02-707-3071　　팩스 | 02-707-3072
이메일 | koreaessay@hanmail.net

ISBN　979-11-94015-10-9　(03810)
ⓒ 조선근, 2025

값 15,000원
* 이 책 내용의 전부 또는 일부를 재사용하시려면 저작권자와 한국산문의 동의를
　받아야 합니다.